천광천로 4

석문도담

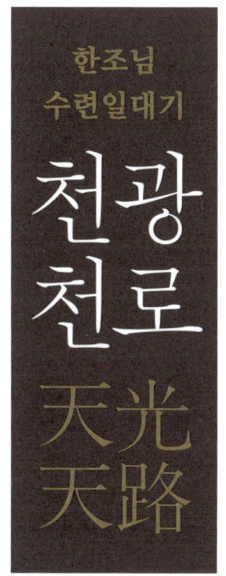

한조님
수련일대기

천광천로
天光天路

완성 完成

천신본위 天神本位 하다

한조 지음

식문출판사

서문

『석문도담石門道談-천광천로天光天路』는 지상 하나님이신 한조님께서 후천완성도법後天完成道法인 석문도법石門道法을 통해 본래 거居하셨던 천상天上의 근본자리에 본위本位하시는 과정을 담은 수련일대기修練一代記다.

동서고금을 막론하고 성현의 지혜를 담은 경전과 장구한 세월을 견뎌 낸 전승傳承에는, 가없이 고결하신 한 분께서 언젠가 지상의 한 곳에 임하시어 천하만민天下萬民들의 신성神性을 일깨워 하늘과 땅과 사람을 구원하리라는 잠언箴言이 있어 늘 인류의 지혜를 일깨웠고, 밝은 혜안을 가진 존재들은 오랜 세월 그분을 찾아뵙고 그분의 삶의 흔적을 따르고자 소리 없이 만천하滿天下를 헤매기도 했다.

경전과 전승 그리고 혜안을 가진 이들이 하늘의 말씀을 받든 세월을 넘어 하나님께서 오실 때를 그토록 기다린 것은, 하늘이 내린 말씀의 해석을 넘어 그분께서 살아가실 삶에 깃든 빛과 힘, 가치를 통해 마침내 현실적이고 구체적이며 실질적인 궁극적 완성의 길이 현현顯現하리라는 사실을 부지불식간에 깨닫고 있었기 때문이리라.

『석문도담-천광천로』는 이렇게 장구한 세월 동안 내려온 의문에 대한 마지막 화답이자, 또 다른 질문의 시작이다. 하나님께서는 지상의 어떤 자리로 오시어 어떤 길[道]을 걸으셨는가, 그리고 우리는 그 길[道]을 어떻게 걸을 것인가.

하나님께서는 지으신 억조창생億兆蒼生이 자신의 존재성과 존재가치를 찾아가는 과정을 인정·존중·배려하고 교류·공감·소통하시어 장구한 세월 속에서 전해 온 언약言約대로 친히 지상의 평범한 자리에 임하시어 천하만민들과 동고동락, 동병상련하심으로써 이들의 기쁨과 슬픔, 즐거움과 노여움, 사랑과 미움의 지상 삶을 대속代贖의 만행萬行으로 두루 어루만지시고, 무엇보다도 후천완성도법인 석문도법을 전하심과 동시에 천하만민들 사이에서 그들과 같이 함께 더불어 내외의 고난과 역경을 인정하고 극복하고 뛰어넘어 진법을 체득하고 깨우쳐 인식하는 과정을 통해 근본자리에 본위本位하심으로써 온전하고 완전한 후천 수도자의 전범典範을 내려주셨다.

그렇게 한조님께서 하늘의 근본자리를 되찾으시어 하나님이심을 깨닫게 되셨던 그날까지, 지상에서 행行하셨던 수도修道, 도무道務, 생활生活의 기록이 바로『석문도담-천광천로』다. 그래서『석문도담-천광천로』는 한조님의 수련일대기며 지금껏 말씀 주신 섭리의 진리적 사실이 담긴『석문도법』,『석문사상』,『석문도담-한조한당도담』,『석문도담-한조도담』을 저술하신 실질적 생명력이 어디에 근거하고 있는지를 보여주는 책이기도 하다.

물론,『석문도담-천광천로』에 담긴 한조님의 수련일대기는 지상에서 행하신 수많은 천지인조화역사들 중 일부이며, 시간적으로 본다면 지상 하나님께서 본위를 이루시기 이전의 역사다. 한조님께서 하나님으로서 본위를 이루시고[天神本位] 한당 선생님께서 본래의 빛으로 돌아가신 이후, 한조님으로서 본위를 이루시는[桓祖本位] 과정에서 나투고 밝히고 나누셨던 그 수많은 밝고 맑고 찬란한 빛의 역사들과 절대자의 시간 속에서 겪으셨던 고독과 고뇌는 지금 세상의 활자로 담기에는 부족함이 있다.

이렇듯 아직『석문도담-천광천로』의 지면에 담을 수 없는 지상 하나님의 역사들이 무수히 많지만 그리 머지않은 미래에 제자들이 보좌충만하여 세상에 드러날 꿈으로 남겨 두어, 지어진 존재성과 존재가치를 찾아 완성을 이루고자 하는 존재들에게 더 큰 꿈·희망·긍정·열정을 불러일으키는 여백의 자양분이 되리라 믿는다.

『석문도담-천광천로』는 곧 지상 하나님께서 늘 우리 곁에 거居하심의 증거가 되어, 모든 존재들이 존재하는 그 자체로 가치 있고 충만하고 조화롭고 아름다운 섭리행의 삶을 온전하고 완전하게 살아가는 그날까지, 하나님께서 창조하신 이 무량한 시공간을 살아가는 모든 존재들에게 영원한 한 줄기 빛의 길[道]로 남게 될 것이다.

모든 존재들은 '천광천로天光天路'의 뜻을 받들어 '신광신로神光神路'의 빛과 힘, 가치로 자신의 근본을 찾아 보좌충만의 한 길을 걷기 바란다.

한기 28년 11월 14일
태양력 2016년 12월 12일
석문도문

천신본위天神本位하다

차례

서문 _ 4
일러두기 _ 14

한기 14년(2002년 2월 12일 ~ 2003년 1월 31일)

퇴마몽退魔夢 _ 16
우려와 다짐 1 _ 18
우려와 다짐 2 _ 20
때로는 _ 22
자연스러움 _ 23
고로쇠의 눈물 _ 24
도담도담 | 온고지신 _ 25
3개월간의 휴식 _ 27
승화昇華 _ 29
권능權能과 덕德 _ 30
구정선사 _ 32
용서 _ 34
신명계의 당부 _ 35
무제 _ 37
무형無形의 산 _ 38
만남 소고 1 _ 42
만남 소고 2 _ 43
일월문 _ 44

시공을 넘어 _ 45
도담도답 | 내면의 빛 _ 46
생生과 사死 _ 47
언행 _ 48
삼시三時의 연緣에 따라 _ 49
스승님에 대한 마음 _ 50
비우기 _ 51
멍해진 마음 _ 52
도인道人의 시대상 _ 53
충만함 _ 57
제자의 마음 _ 59
물 만난 물고기 마냥 _ 64
무한한 우주 _ 66
여여如如함 _ 67
비인부전 _ 68
스승께서는 _ 70
들꽃 _ 72
삼매三昧 _ 73
그리움 _ 74
참회 _ 75
자유로움 _ 76
선도수련 _ 77
도담도답 | 현치술 _ 78
전하노라 _ 80
양신방을 졸업하면서 _ 81
양신 공부 안내 _ 82
접신 _ 87

만물일여의 한 과정 _ 89
우주 _ 91
계기 그리고 변화 _ 93
만물일여 1 _ 96
5천도계 의술신명 _ 98
만물일여 2 _ 104
합일 1 _ 105
천도薦度 _ 106
5천도계 의술신명이 있는 곳 _ 108
현묘일합玄妙一合 _ 110
합일 2 _ 112
시험 1 _ 116
원신 1 _ 118
쇄신의 시간 _ 121
시험 2 _ 123
반성 1 _ 127
정령精靈 _ 129
왕관 1 _ 131
믿음 _ 133
만물일여 3 _ 136
성찰과 절차탁마 _ 138
대화 _ 140
해원상생 1 _ 142
심득 1 _ 144
합일 3 _ 149
옥잠화 _ 151
구슬 _ 153

마음 _ 156
합알 4 _ 158
공평무사 1 _ 161
공평무사 2 _ 163
조화 _ 164
본향 _ 166
양신자에게 전하는 말 _ 170
침묵 _ 172
반성 2 _ 174
고뇌 1 _ 178
공평무사3 _ 181
심득 2 _ 183
크리스털 _ 187
왕관 2 _ 191
나 _ 194
묵언행 _ 197
가을 _ 198
심마心魔 _ 200
존귀함 _ 203
일체유심조 _ 204
성찰 _ 207
변화 _ 210
시험 3 _ 212
습관 지우기 _ 217
경계 _ 218
환골탈태 _ 219
비우는 즐거움 _ 220

원신 2 _ 221
궁 _ 225
빛 _ 232
일각 _ 233
일심 _ 235
무심 _ 236
원신 3 _ 238
신비의 세계 _ 242
원광 _ 244
우주 _ 246
선천도통先天道通 _ 247
정리整理 _ 249
새로운 만남 1 _ 252
새로운 만남 2 _ 258
비가 내리고 _ 263
9천삼도계 _ 264
해원상생 2 _ 267
가르침 _ 269
심판 _ 272
천상에서의 만남 _ 276
태상궁太上宮 _ 280
개천開天 _ 282
숙연함 _ 284
고뇌 2 _ 286

일러두기

1. 『석문도담-천광천로4』는 한조님께서 한기 14년 1월 2일(2002. 2. 13)부터 한기 14년 12월 15일(2003. 1. 17) 사이에 'PC통신 천리안 단전호흡 동호회'와 '도화제 석문호흡 사이트'에 올리신 수련일지를 시간 순으로 엮은 수련일대기다.

2. 석문도문의 수련법인 석문도법의 석문호흡법은 한당 선생님에 의해 기본적인 체계와 토대가 세워졌으며, 한조님에 의해서 현실화·구체화·실질화되어 세상에 전파되었다. 『석문도담-천광천로』는 한조님께서 석문도법의 석문호흡법을 무수히 많은 경우의 수로 체득·체험·체감하시는 과정 중에 남기신 수련일대기다. 따라서 후천완성도법인 석문도법과 그에 따른 석문호흡법의 온전하고 완전한 내용을 알기 위해서는 『석문도법』, 『석문사상』, 『석문도담-한조한당도담』, 『석문도담-한조도담』을 참조하면 된다.

3. 『석문도담-천광천로』는 한조님께서 수도의 과정 중에 겪으셨던 수많은 고난과 역경을 인정하고 극복하고 뛰어넘어 마침내 근본자리에 본위本位하시는 가운데 남기신 공부과정의 기록이며, 석문도법의 석문호흡법을 체득·체험·체감하여 현실화·구체화·실질화하는 과정 중에 남기신 기록이다. 또한 보편적인 공부의 흐름과 형국뿐만 아니라 한조님의 위상에서만 겪으실 수 있는 특수한 상황에 대한 기록이기도 하다. 이 점을 감안하여 『석문도담-천광천로』의 내용을 이해할 필요가 있다.

4. 『석문도담-천광천로』는 '한기桓紀'를 기준으로 일자를 표기했다. 한기는 한桓 빛의 섭리에서 시작된 창조의 근본 목적에 따라 하늘과 땅과 사람이 온전히 하나 되어 조화와 완성, 거듭남을 이룰 수 있는 후천완성도법인 석문도법이 지상에 펼쳐진 첫 시점을 원년元年으로 삼는 연도환산법이다. 따라서 한기는 후천이 시작된 1988년을 기점基點으로 하고 1989년을 원년으로 삼는다.

5. 등장하는 인물들의 경우 최대한 실명으로 표기했으며, 당사자의 필요나 현재 상황에 의해 실명을 밝힐 수 없는 경우 가명으로 표기했다.

6. 글을 쓰신 시간이 표기된 수련일지도 있고 표기되지 않은 것도 있다. 편집상의 통일보다는 기록을 그대로 남겨 둔다는 데에 의의를 두고 시간이 표기되어 있는 것들은 그대로 수록했다. 시간은 24시간표기법을 기준으로 했다.

7. '날짜 미상'은 일자를 남기시지 않은 글이지만 기록하신 시간 순에 맞춰 수록하였다.

8. '도담도답道談道答'은 'PC통신 천리안 단전호흡 동호회'나 '도화제 석문호흡 사이트'에 올라온 질문 글에 대하여 당시에 체득하신 공부를 바탕으로 답하신 글이다.

天光
天路

한기 14년

2002년 2월 12일 ~ 2003년 1월 31일

한기 14년 1월 2일 2002년 2월 13일 20:02

퇴마몽退魔夢

2002년 임오년 새해를 맞이하면서 평소에 잘 안 꾸던 이상한 꿈을 하나 꾸었다. 설 다음 날 처갓집에서 퇴마와 관련된 꿈을 꾼 것이다. 거구에 험악하게 생긴 괴물이 나오는 꿈이었다. 머리에는 뿔이 두 개 달렸고 투구까지 썼는데 크고 무서운 이빨을 가진 험상궂은 얼굴이었다.

이 괴물은 은백색의 쇠로 만든, 앞이 송곳처럼 뾰족한 자기 신발을 주운 사람에게 "아빠"라고 부르며 갑자기 나타났다. 그리고 신발을 주운 사람을 끝까지 따라 가서 커다란 두 손으로 윗입술과 아랫입술을 서로 반대 방향으로 틀어서 죽였다. 그런데 어디선가 갑자기 무섭고 험악한 괴물이 "아빠" 하는 소리와 함께 곧장 내게로 달려오는 것이 아닌가! 순간 본능적으로 논밭이 있는 들판 쪽으로 도망쳤는데, 한참을 도망치다가 문득 이런 생각이 들었다.

'나는 도계에 올라 신명의 위位에 오른 도인道人인데, 저런 사악하고 험상궂은 괴물에 쫓기다니 참으로 어처구니가 없구나! 내 도력道力

이 결코 가볍지 않은데!'

깊은 내면에서 이런 마음이 일어나기에 쫓아오는 괴물에 맞서기로 했다. 그래서 괴물을 마주보고 오른손을 들어 무엇이라 말을 하자 순식간에 괴물이 사라져 버렸다.

괴물이 너무 싱겁게 소멸된 후 가슴속 깊은 곳에서 알 수 없는 자신감과 충만함이 일어났는데, 그 마음이 아침까지 이어지면서 고요한 가운데 어떤 변화를 느꼈다. 크게 정리되고 승화된 듯한, 고요하고 충만한 무언가를 느꼈던 것이다.

한기 14년 1월 10일 2002년 2월 21일 09:15

우려와 다짐 1

우리 도문의 사상은 도성구우 道成救宇다. 말 그대로 '도道를 이루어 우주를 구원한다'는 뜻이다. 이는 우리 도문의 공부법이 체계성과 논리성을 갖추고 있을 뿐만 아니라 공부의 근본 자체가 비교할 바 없이 깊고 넓음을 보여 주고 있다. 요즈음 들어 여러 단체와 수행자들에게 긍정적인 반응과 부정적인 반응을 동시에 듣곤 한다. 그들은 수련의 체계성과 논리성, 실수련의 뒷받침에 대해서는 긍정하는 반면에 수련을 통해 가는 '도계'라는 세상에 대해서는 강한 거부감을 보이거나, 선도수련의 정확한 개념과 인식의 부족으로 인해 때로는 근거 없고 일방적인 비난과 비방을 한다. 나는 이러한 흐름이 어찌 보면 지극히 당연한 것이라 생각하고 말없이 인연이 닿은 사람들에게 도법을 가르치는 데 본연의 힘을 다하고 있었다.

그러나 최근 도문의 한당 선생님에 대한 검증되지 않은 몇몇 비방에 대해서는 제자의 한 사람으로서 깊은 우려와 불쾌감을 표현하지 않을 수 없다. 우리는 이러한 비방과 비난에 대해서 '언젠가는 스스로 진실을 알 때가 있을 것이다'라는 관점으로 크게 개의치 않았지만,

날이 가면 갈수록 정도가 지나치다는 생각을 하게 된다. 한당 선생님의 기라성 같은 제자들이 좌우에 포진해 있음에도 부당한 비난을 방관했던 사실에 대해서, 제자의 한 사람으로서 깊이 반성하는 바다. 이제는 한당 선생님에 대한 일방적이고 근거없는 비방과 비난을 좌시하지만은 않겠다고 스스로 다짐한다.

습관처럼 유언비어를 퍼뜨리는 사람들은 자신이 언급한 그 수많은 말에 대해서 확실한 근거를 준비해야 할 것이다. 한당 선생님을 근거 없이 비방하는 것은 그분의 수많은 제자들을 근거 없이 비방하는 것과 같으니 앞으로는 자신의 말에 책임질 뜻을 가지고 말하기 바란다.

한기 14년 1월 11일 2002년 2월 22일 10:07

우려와 다짐 2

해가 갈수록 늘어나는 석문호흡에 대한 궁금증과 호기심, 의혹에 따른 여러 토론, 그리고 토론을 통해 형성된 긍정적이거나 부정적인 반응들을 보면 10년 전 이 지구상에 석문호흡 도장이 오직 하나밖에 없었던 시절이 떠올라 새삼 감회가 새로워진다.

지금은 도장이 전국 70여 개에 이르는 도문으로 성장했지만, 도문의 초창기는 너무나 외롭고 쓸쓸하고 참으로 고독했던 시절이었다. 우리를 모르는 사람들이 대부분이어서 토론의 대상도 되지 못했던 우리 도법이 지금은 많은 사람들의 시선을 모으고 있다. 이에 도문의 실무진으로서, 초창기의 고독함을 겪은 한 사람으로서 격세지감 隔世之感을 느낀다.

나는 석문호흡에 대해서 진행되는 모든 토론이 지극히 긍정적인 흐름이라고 본다. 이는 '오는 사람 막지 않고 가는 사람 잡지 않는다'는 도문의 기존 방침이기도 하고, 아울러 우리 수련은 스스로 체득을 해서 심득을 얻으면 각자 사실 여부를 판단할 수 있게 되기 때문이다.

그렇지만, 한당 선생님에 대한 일방적이고 근거 없는 맹목적 비난과 비방에 대해서는 관련 당사자에게 근거 자료를 요구해서 차근차근 짚어 볼 생각이다. 진실과 순수함을 소중히 여기는 우리로서는 당사자의 자료에 근거가 있다면 당연히 이에 대해 수긍하고 해명의 글을 올리겠으나, 그렇지 않다면 스스로 말로 지은 업業에 대해서 충분한 책임을 져야 할 것이다.

한번 입 밖으로 나온 말은 누구도 다시 주워담을 수 없음을 상기하기 바란다. 이것은 도문 전체가 아닌 제자로서의 내 개인적 의지임을 밝히며, 말하기를 좋아하는 사람들은 자신이 지은 구업口業을 한 번 더 돌아보고, 신중에 신중을 기해 주기를 바란다.

한기 14년 1월 13일 2002년 2월 24일 08:46

때로는

내 스스로 차갑고 냉정하며 다혈질이라는 것을 잘 안다. 하지만 포근하고 부드러우며 차분해지기 위해서 무척이나 노력을 한 것도 사실이다.

나는 어떤 사람일까. 어디로, 무엇을 향해 나아가고 있는 것일까. 나는 도인道人이며, 도성구우道成救宇를 향해, 또한 이루기 위해 나아가고 있다. 나는 스스로 확고하며 중지中志가 세워졌다고 말한다. 그러나 정말 내가 올바르게 나아가고 있으며 중지가 세워진 것일까. 다만, 한당 선생님을 믿고 따르며, 하늘을 우러러 부끄러움이 없기를 수없이 기원하고 성찰해 왔지만, 때로는 허전함이 밀려온다. 가끔 선생님과 차茶라도 한잔 하고픈, 말없이 그분의 향기香氣를 느끼고 싶을 때가 있다. 수많은 금언金言을 뒤로 하고 고요함 속에 젖어들고 싶을 때가 있다. 오늘처럼 이렇게 허전함이 밀려올 때면 더욱 그러하다.

한기 14년 1월 21일 2002년 3월 4일 12:57

자연스러움

최근 들어 공부가 조금 더 깊어지고 신명들을 역사하면서 가슴속에 각인되는 한 가지는 바로 '자연스러움'이다. 하늘의 일을 하더라도, 또한 그 일을 할 수 있는 권능을 위임받았다 하더라도, 모든 일을 마치 바람에 구름 밀려가듯 그렇게 자연스럽게 진행해 나가지 않으면 불필요한 흐름이 생김을 알았다. 보좌신명들을 역사하며 얻은 '자연스러움'에 대한 체득인데 참으로 귀중한 것이 아닐까 한다. 천하 만물 중 어찌 귀하지 않은 것이 있을까!

한기 14년 1월 21일 2002년 3월 4일 13:05

고로쇠의 눈물

세상 모든 만물이 긴 겨울잠에서 깨어나 움트는 계절에 가슴 깊이 자리 잡은 한 가지 체득이 있었다.

얼마 전, TV에서 고로쇠나무의 수액 채취 장면을 보면서 왠지 모를 슬픔과 고통, 인간의 잔인함을 아주 깊이 느낀 적이 있다. 고로쇠나무의 울부짖음이 나의 내면을 뒤흔들고, 그 눈물이 내 가슴을 적시기에 채취 장면을 오래 보지 못하고 채널을 돌리고 말았다.

그 후 본원에서 축구경기를 하는데 담양의 도반 한 분이 고로쇠 수액을 가지고 왔다. 누군가 내게 그 물을 한 잔 건네주는데 순간 고로쇠나무들의 울부짖음과 고통이 느껴져 온몸에 전율이 오는 것이 아닌가. 그래서 그날 고로쇠 물을 단 한 잔도 마시지 못했고, 경기 내내 너무나 마음이 불편했다. 우리가 만물의 영장인 것은 맞지만 지상의 다른 생명체가 존재하지 않으면 우리 존재도 지극히 위험해진다는 것을 스스로 깨닫고, 생명의 존귀함을 깊이 돌아보았으면 좋겠다.

한기 14년 1월 28일 2002년 3월 11일

도담도답 | 온고지신

온고지신溫故知新이라 옛 사람들이 다 어리석고 미흡했다고는 생각하지 않습니다. 그렇다고 옛 사람들의 것이 다 맞다고도 생각하지 않습니다. 개인적으로 이렇게 생각해 보기도 합니다.

'황제黃帝가 내경內經을 썼다고 해서 내가 황제보다 못하다 생각하지 않으며, 또한 화타나 편작보다 내가 떨어진다고 생각하지도 않는다. 다만, 그 분들이 먼저 태어나서 먼저 그 분야를 고민한 것이므로 그 분들의 말씀이나 생각을 참조할 따름이다. 나도 지상에 태어난 인간이고 그분들도 그러하거늘, 무엇이 낫고 무엇이 모자랄까! 석문호흡이 나로 하여금 그들을 초월하게 하리라!'

과연 선도에 있어 옛 선인들의 말씀이 얼마나 맞고 얼마나 틀릴까요? 선도수련은 실수련과 이론이 서로 부합해야 하고, 무엇보다 선도의 기초인 기운이나 단전에 대한 정확한 언급이 있어야 합니다. 그것들이 없다면 다 사상누각입니다. 우리 석문호흡 수련자들은 사상누각인 이론에는 의미를 두지 않습니다. 다만, '세상에는 이런 선도 이론도 있구나' 하고 참고만 합니다. 우리는 말보다 실제 수련을 더 중요하게 생각하기 때문입니다.

한기 14년 1월 29일 2002년 3월 12일 13:32

3개월간의 휴식

무언가 무르익기 전의 고요함을 느낀다. 진주 지원 이전 때문에 어쩔 수 없이 지원장실을 삼천포 지원으로 옮기게 되었다. 옮긴 방에는 내 자리 바로 앞쪽에 한당 선생님의 사진 한당 선생님 집무실에 있는 사진과 같다 이 걸려 있다. 언제부터인가 그 사진에서 나는 알 수 없는 현묘한 빛을 본다. 그 빛이 너무 좋아 한참 넋을 잃고 빠져들어가기도 한다. 그러다가 나도 언제쯤이면 저런 빛을 지닐 수 있을까 한편으로 근심스럽게 생각하면서 삼매에 들곤 했다.

최근 내 마음을 다시 관조해 보기 시작했다. 뭔가 변화가 느껴지면서 한 마음이 일어난다. '앞으로 3개월만 세상에서 벗어나 조용히 관조하면 안 될까, 펼쳐 놓은 일이 한두 가지가 아닌지라 가히 어렵지만 딱 3개월만 내 마음이 무르익을 수 있도록 휴식을 취할 수는 없을까' 하는 소리 없고도 강한 생각이 내면에서 일어났다. 언제부터인가 내가 할 일을 예상해 보니 아직 그런 일을 하기에는 지금의 내가 너무나 부족한 사람이라는 인식이 새삼스럽게 들었다. 이후, 밀려드는 허전함과 그리움을 어찌 할 수 없어 제법 많은 밤을 뜬 눈으로 보내야만 했다. 아마 그렇게 방황하던 시간에도 나의 마음, 나의 내면은 쉼 없이 변화를 거듭했던 것 같다.

이제는 잠시 조금만 뒤로 물러나서 나 자신을 충만함으로 가득 채우고 싶다. 사진 속의 한당 선생님 빛만큼은 어렵더라도 비슷하게라도 되고 싶다.

과연 하늘은 내게 3개월의 휴식을 허락할까.
내 본연의 자리로 가는 여행을 허락할까.

한기 14년 2월 3일 2002년 3월 16일 11:22

승화 昇華

도계에 올라 어느 정도 전생을 알게 되고, 인간에 대해 본격적으로 공부를 하면서 문득 한 생각에 이르렀다. 이제는 나의 지난 세월전생과 현생 모두을 차분히 돌아보며 반성하고 닦아 내어 승화시킬 때가 되지 않았을까. 수많은 사람과 삼라의 모든 존재들에게 내가 존재하면서 끼쳤던 모든 어둠에 대해서 진심으로 고개 숙여 그 잘못을 뉘우친다. 이러한 성찰의 마음이 내가 이생에 존재하는 이유라고 생각한다. 과거의 어둠을 조금이나마 풀어 내고 세상에 조금이나마 도움이 될 수 있다면, 나의 존재함이 그 자체로서 의미가 있지 않을까. 분명 도道를 펼치려 내려왔음을 안다. 그러나 과거의 세월을 무시할 수만은 없는 것이기에, 이렇게 삼라의 모든 존재 앞에서 지난 세월을 숨김없이 들추어 내어 어둠을 밝히려 한다.

한기 14년 2월 3일 2002년 3월 16일 11:32

권능權能과 덕德

한당 선생님의 크나큰 은덕으로 2천도계에 입천했었다. 이후 참으로 신묘하고 믿기 어려운 여러 가지 일을 체득했고, 지금도 체득해 나가고 있다. 그러나 어떠한 체험이 심득으로 몸에 각인되기 전에는 항상 그 대가를 치르곤 했다. 아마도 도계나 하늘세계에 대한 그간의 내 막연함 때문이었을 것이다. 최근에 주변환경이 다시 번잡해졌다. 며칠 동안 스스로를 돌아보다가 한 가지를 인식하게 되었다.

'내가 그간 권능으로 대부분의 일을 처리했구나!'

한당 선생님께서 가르치시길, "군주는 힘[力]보다 덕德으로써 사람을 다스린다." 하셨는데 지난 10년 동안 가슴 깊이 각인하고 살아왔다 자부했건만 실제로 그런 세계를 접하니 가르침을 잊어버리고 말았다. 미처 자신을 돌아보지 못해 잠시 길에서 벗어났던 것 같다. 한당 선생님의 금언 같은 가르침대로 스스로 인덕仁德을 가짐에 게을리해서는 안 되겠다.

모든 것은 내가 아직 부족하고 미흡하기 때문에 일어난 일이라 생각하고 스스로 성찰해서 새롭게 거듭나야겠다.

한기 14년 2월 5일 2002년 3월 18일 02:13

구정선사

선도수행仙道修行에서 사제의 인연이란 무어라 말할 수 없을 정도로 진한 도연道緣이라 생각한다. 또한, 제자는 스승에 대한 믿음이 깊어야 하고 헌신적인 정성이 있어야 하며 스승의 가르침을 소중히 여기는 그런 마음가짐이 절실히 필요하다. 믿음과 헌신에 대한 이야기가 나오면 나는 매번 '구정선사九鼎仙師'가 떠오른다. 스승께서 아홉 번이나 솥을 새로 걸으라고 했으나 아홉 번 모두 아무런 불편함을 내보이지 않고 묵묵히 제자의 도리를 다해 솥을 올렸다는 이야기는 내 가슴속에 깊이 자리 잡고 있다.

나는 사실 구정선사만한 정성과 헌신을 가지지는 못했다. 10년 동안 여러 번 스스로 사범 자질이 없다며 그만두고 싶다고 한당 선생님께 말씀을 드리기도 했고, 조금만 서운하면 얼굴 가득 서운한 기색을 내비쳤고, 스스로 이해되지 않는 부분은 부정적으로 생각하며 반론을 피력하기도 했다. 한당 선생님께서는 참으로 못나고 어리석은 자를 제자로 삼으셨던 것이다. 스승의 자리는 아무나 하는 것이 아니라는 말에 새삼 깊이 공감하면서 10년 동안 묵묵히 기다려 주시며 가르침을 아끼지 않으셨던 한당 선생님께 다시 한 번 감사의 삼배를 드린다. 항상 가슴속에 '구정선사'를 담고 잊지 않으려 하나 미흡함이 깊어 거기에 이르지 못함을 스스로 안다. 그러나 스승님의 가르침을 가슴에 새기고 계속 나아가다 보면 언젠가는 그에 이를 것이고, 또한 초월하리라 확신한다. 다만, 한마음을 잊지 않고 묵묵히 성찰하며 가르침대로 걸어 갈 따름이다.

한기 14년 2월 5일 2002년 3월 18일 02:24

용서

아직까지도 가슴속에서 놓지 못하고 있었던, 내 마음에 상처를 안겨 주었던 모든 이들을 진심으로 용서해야겠다는 생각이 조용히 일어난다. 그 모든 어둠을 이제는 말끔히 정리할 때가 된 것이다. 내 가슴 속에 깊이 자리 잡았던 어둠을 모두 일소하고, 이제 진심으로 신명의 세계에 들어 자리 잡아야겠다. 신명계와 완벽하게 합일한 도인으로서 마음을 깊고 넓게 가져본다. 이 모두가 한당 선생님과 하늘의 신명들, 주변 지기들의 도움 없이는 있을 수 없는 일이었다. 그 모든 존재들에게 감사의 삼배를 드리며, 이처럼 밝음을 가질 수 있게 한 인연을 소중하게 가슴에 담는다.

한기 14년 2월 6일 2002년 3월 19일 20:50

신명계의 당부

천상天上 신명계神明界에서 지상의 수도자들에게 당부하는 말을 전하고자 한다.

"지상의 수도자들은 다음 네 가지를 가슴에 두어야 할 것이다.

첫째, 정성헌신을 들일 줄 알아야 한다. 정성이라 함은 바로 자신에서부터 시작된다. 자신에게 정성을 들이고, 스승께 정성을 들이고, 하늘에 정성을 들이고, 타인에게 정성을 들일 줄 알아야 참다운 수도자라 할 것이다.

둘째, 믿음이 있어야 한다. 스승과 하늘, 자신과 타인에게 정성을 들이지만, 진실된 믿음이 없다면 과연 정성이라 할 수 있겠는가!

셋째, 노력이 있어야 한다. 정성과 믿음이 있다 해도 대가를 바라지 않는 노력이 있어야 한다. 행위와 운신에 대가를 바라지 않고, 그 자체에 즐거움을 가지고 성실히 임할 수 있어야 한다.

넷째, 순수함이 있어야 한다. 정성과 믿음, 대가없는 노력이 있어도 그 모든 것에 순수함이 없다면 하지 않느니만 못할 수가 있다. 그래서 수도자가 항상 초발심을 잊지 말고 행함에 순수함이 깃들게 해야 한다.

스스로 하늘의 법을 만나 양신을 이루어 도계에 입천하고자 하는 수도자들은 이 내용을 지극히 깊이 새겨 수도의 기본으로 삼아야 할 것이다."

양신 공부하는 사람들은 많이 나오나 양신을 이루는 사람들이 흔하지 않기에 수도자가 갖추어야 할 사항이 무엇인가에 대해서 천상신명계에 질문을 했던 적이 있다. 이에, 신명계에서는 이러한 답변을 주셨다. 석문호흡으로 수도한다 해도, 이를 갖추지 못한 수도자는 양신 공부에 들 수는 있으나 이룰 수가 없음을 상기하고 깊이 가슴에 새겨 수련에 임해야 할 것이다. 또한, 어찌 양신자의 도심과 그 이하 단계에서 수련하는 사람들의 도심이 같을 수가 있겠는가! 항상 스스로를 돌아보고 도계를 그리워하며 용맹정진함을 잊지 말아야 한다.

한기 14년 2월 8일 2002년 3월 21일 23:56

무제

이 한 번의 만남을 위해 그간 그렇게 고뇌하였을까! 수없이 많은 밤을 왠지 모를 허전함으로 못내 아쉬워 몸을 누이지 못했는데, 단 한 번의 만남으로 언 눈 녹듯 하는구나. 천하를 크게 한 번 둘러보고, 빛보다 빠르게 날아가서 한 곳에 우뚝 서서 삼라의 고요함을 깨어 본다. 일갈에 하늘이 열려 한 빛이 내리니 무엇이 나를 막을 것인가!

다만, 묵묵히 바라만 볼 뿐이다.

한기 14년 2월 10일2002년 3월 23일 10:14

무형無形의 산

긴 겨울을 뒤로 하고 봄이 사뿐히, 소리 없이 찾아왔다. 무언가 새로움이 움트기 시작할 즈음에, 예상보다 심각한 황사가 온 천하를 가득 메웠다. 황사가 시작되기 전날 밤, 밤새 뜬 눈으로 보내고 삼천포 지원에 출근을 해서 잠시 무심하게 몸을 누이는데, 코끝이 아리하기에 청소 좀 하라고 진 수자를 꾸짖었다. 그런데 진 수자가 "청소는 매일 하고 있습니다." 하면서 의아해하는 것이다.

나는 머쓱해서 "코끝이 아리한 것이 먼지가 많은 것 같지 않아?"라고 되묻는데, 누군가 오늘 황사가 심해서 그렇다고 했다. 그 말을 듣고 밖을 보니 온 천하가 누런 먼지로 뒤덮인 것이 아닌가. 한 시간 정도 지나자 목이 아프고 머리가 멍해지고 눈이 따가워지는데 도장에 있는 분들이 대부분 같은 증상을 겪기에, 문득 2년전 쯤의 일이 떠올랐다. 당시, 한당 선생님께서는 어떤 분에게 "중국이 자국의 황사를 다른 나라로 보내기 위해서 바람을 막아 주던 산을 없애려 한답니다."라는 말을 전해 들으시고는 그해 우리나라로 오는 황사를 막았던 적이 있었다.

그해는 정말 우리나라에 황사가 그리 심하지 않았다. 당시 한당 선생님께서 무형無形의 산을 만들고 하늘의 신명들로 하여금 역풍을 일으키도록 해서 날아오는 황사를 막으셨던 것이다. 문득 나도 한번 해 볼까 하는 생각이 들면서 왠지 꼭 될 것 같은 확신이 밀려왔다. 그래서 그때 선생님께서 하셨던 것과 똑같이 외형적으로만 하면서 하늘에 선생님의 도호를 명분으로 고하고 힘을 사용하기 시작해 보았다.

무형의 산을 만들고는 삼천포 지원 실무진에게 황사가 어떤지 확인해 보라고 했는데, 오후쯤 되니 오전보다 황사가 조금 덜하긴 했지만 별다른 변화는 없었다. 그래서 내심, 아직 공부가 부족해서 힘이 좀 약한가 했다. 그런데 운청 도반이 아마 이미 발생한 황사라 막기가 어려웠을 거라고 위로하기에, 혹시 시차가 있는 것이 아닐까 싶어 "내일 한 번 더 해보지요."라고 말했다. TV에서는 황사가 3~5일간 계속될 거라 했기 때문에 한번 더 해보기로 한 것이다. 그리고 하루가 지났다.

다음날 아침, 약간 근심스러운 표정으로 도장에 출근을 하니 실무진들이 어제보다 황사가 조금 덜하다고 위로한다. 조금 하늘이 맑아진 것 같긴 했지만, 영 마음이 불편했다. 그러던 차에 도화제 석문호흡 사이트에서 채팅을 하는데, 운청 도반이 오히려 비를 오게 하는 것이 좋지 않겠냐고 했다. '그러면 그렇게 한번 해 봐야겠다' 싶어서 하늘의 신명들과 이야기를 나누었다. 신명들은 "어렵긴 하지만 가능합니다."라고 했다. 그래서 이번에는 남쪽 하늘에서 비구름을 몰고 와서 대지를 적셔보기로 했다. 이 방식은 한당 선생님께 언젠가 한 번 들었을 뿐 지금까지 한 번도 해 보지 않았기 때문에 약간은 불안했지만, 왠지 자신감도 생기기에 도전해 보았다.

항상 그랬듯이 한당 선생님의 도호를 명분으로 고했다. 아직은 한당 선생님의 힘에 조금 의지하고 싶었기 때문이 아닌가 싶다. 그리고는 남해의 수온을 상승시켜서 수분을 증발시키고 비구름을 만들어 한반도로 몰고 왔다. 신명에게 이 구름이 언제쯤 한반도에 비를 오게 할까 물으니 "두 시간에서 네 시간 후쯤 가능합니다."라고 하기에 채팅방의 도반들과 월요일, 수요일, 금요일마다 온라인 채팅 회의를 하는 경남의 실무진들에게 먼저 말해 주고는 기다려 보자고 했다.

그때가 오전 10시쯤이었으니 정오나 오후 2시쯤에 비가 온다는 말인데, 결과론적으로는 신명이 '오후 2시에서 4시'라고 말하는 것을 '두 시간에서 네 시간 뒤'라고 내가 잘못 알아들었든지, 아니면 힘이 조금 부족했든지 둘 중 하나였던 모양이다. 비가 오긴 왔는데, 국지적으로 소나기만 내린 것이다. 그래도 진주는 조금 내렸다는데, 삼천포는 비가 올 듯만 하다가 내리지 않았다고 했다. 대신 창원, 부산, 대구 쪽에는 비가 내렸다고 한다.

'실패했구나'라고 생각했는데, 하늘에서 체면은 세워준 것 같다. 비가 오고 나니 하늘이 그렇게 맑을 수가 없다. 그런데 운청 도반이 또 한마디 거든다. 예전에 한당 선생님께서 황사를 막았을 때, 그해 전 세계적으로 기상이변이 많았다는 사실을 알고 있냐는 것이다. 당연히 나는 모른다고 했다. 운청 도반은 그해 여러 가지 기상이변이 많았다면서, 그때 자신은 '힘이 있어도 함부로 사용해서는 안되겠구나'라고 생각했단다. 듣고 보니 일리 있는 이야기였다. 차후에 내가 만약 호풍환우하는 권능을 완전히 갖는다 해도 이 부분은 조금 깊게 생각하고 판단해서 시행해야겠다.

"하늘의 신명들이여! 감사합니다. 다음부터는 조금 더 깊이 생각하겠습니다."

그리고 지상의 사람들은 이번 황사를 통해 환경문제에 대해서 다시 한번 더 깊이 생각해 봐야 할 것 같다.

한기 14년 2월 10일 2002년 3월 23일 22:11

만남 소고 1

어떤 이가 내가 쓴 글을 읽고 내면에서 일어난 혜안을 보내왔다. 내용은 이러하다.

"대지 위를 휩쓸던 바람은 고요히 잠자고,
천둥을 몰아치던 비구름도 제자리를 찾으니,
어허, 하늘이여! 늘 항상 그 자리에 있었음이라.
하늘이 보여 준 현상은 나에게 하나의 갈망이었음을 알겠노라.
빛을 내려 대지를 품으니 비구름과 바람이 바로 하늘이었도다."

읽어 봐도 나는 무슨 뜻인지 잘 모르겠지만, 그래도 보내 준 것이니 감사히 받아 소중히 간직하기 위해서 여기에 올린다.

한기 14년 2월 10일 2002년 3월 23일 22:14

만남 소고 2

하나를 더 보내 주기에 덧붙여 올린다.

"한없이 드넓은 공간에 나 홀로 서 있으니,
세상에 보이는 것은 오로지 나의 일면.
내가 서 있음에 세상이 서 있고
내가 흘러감에 세상 또한 따름이니
이제 나의 마음에 띠끌 하나의 의심도 없음이려오.
한껏 고독함에 그 극을 달려보니
이처럼 즐거움도 세상에는 없어라."

한기 14년 2월 12일 2002년 3월 25일

일월문

일월무예에 대한 갑론을박이 많군요. 그만큼 관심이 크다는 증거라 생각합니다. 간략하게 말씀드리자면, 일월무예는 석문호흡이 바탕이 된 무예입니다. 따라서 석문호흡을 빼고는 그 깊이를 생각할 수 없으며 그 끝도 짐작할 수 없습니다. 일월무예는 바로 석문호흡 수련입니다. 정적靜的인 자세 위주로 행공법을 하는 대신 무예적인 관점에서 동적動的인 동작 위주로 하는 것뿐입니다. 결론적으로 일월무예는 유사해 보이는 여러 형이 있다 해도 석문호흡 때문에 무엇과도 유사하지 않은 새로운 개념의 무학이 되며, 뿐만 아니라 석문호흡의 또 다른 표현방식이기 때문에 도통을 위한 수도무학이기도 합니다.

이 점 깊이 헤아리기를 바랍니다.

한기 14년 2월 13일 2002년 3월 26일 11:24

시공을 넘어

도계에 승천해서 여러 가지를 겪다가 이제는 일상이 되어 버린 한 가지 현상이 있다. 그것은 산 자와 죽은 자의 경계, 즉 이승과 저승의 구별이 거의 없어졌다는 것이다. 물론, 아직은 완전히 그런 개념 속에서 살아가는 것은 아니다. 계속 공부하면서 조금씩 더 깊이 적응해 가는 중이다. 그런데 이제는 유형적인 것보다 오히려 무형적인 것에 더 깊이 적응되어 알게 모르게 실수를 하는 경우가 생긴다.

살아계신 어머니 옆에서 이미 돌아가신 아버지와 이야기를 나누다가 어머니께 "보세요. 어머니, 아버지께서 이러시잖아요."라고 말하게 되는 것이다. 일반 사람들에게는 일상적이지 않은 일이 내게만 일상적인 일로 변해 버린 그 어느 날부터 나는 더 깊은 고독감에 휩싸인다. 아직은 도계에 승천한 존재들이 많지 않기 때문에 겪는 과정이 아닐까 한다.

한기 14년 2월 16일 2002년 3월 29일

도담도답 | 내면의 빛

질문자분 말씀처럼 진리는 자신의 내면에 고요히 잠겨져 있습니다. 하지만 아직 그 진리의 요체를 모르고 있으니 먼저 깨달은 스승이나 선배 도반들의 도움을 받는 것입니다. 스승이나 선배 도반의 도움을 받는다는 것은 그분들을 의지하는 것이 아니라 그 길을 걸어가는 방법, 즉 내면의 빛을 찾아내는 방법을 듣는 것입니다. 실제로 걸어가는 주체는 바로 자기 자신입니다.

내면의 빛은 오직 자신만이 찾아낼 수 있습니다. 어느 누구도 대신 찾아주지 못합니다. 그 내면의 빛을 찾아내는 가깝고도 먼 여정의 길로써 석문호흡법을 소개합니다. 이미 수련하고 있다면 한번 더 마음을 내고, 그러지 않다면 가까운 도장에 찾아가서 문의해 보기를 바랍니다.

참다운 수도의 여정이 되기를 바랍니다.

한기 14년 2월 16일_{2002년 3월 29일} 08:27

생生과 사死

제법 많은 분들이 내게 묻는다.

"도계에 가신 분으로서 죽음에 대해서 어떻게 생각하십니까?" 내 답변은 이렇다. "아마 죽는 순간은 잠시 두려울 것 같습니다. 왜냐하면 이 생에서 내 의지를 가지고 죽어 본 적이 없으니 죽는 순간에 대한 경험이 없지 않겠습니까? 사람은 누구나 자신이 경험해 보지 못한 미지의 것에는 약간의 불안과 두려움을 가지기 마련이니까요. 하지만 그 순간이 지나면 불안이나 두려움보다 평온함과 고요함이 다가오지 않을까 싶습니다. 죽는 그 순간 말고 나머지 부분은 이미 많이 경험해 보았으니까요."

석문호흡이 나로 하여금 10년 만에 생生과 사死에 대해 이런 생각을 갖게 만들었다. 10년 만에 이 정도의 의식 변화라면 한번 해 볼만 하지 않을까.

한기 14년 2월 20일 2002년 4월 2일 12:54

언행

10년을 수행하고 도계까지 넘나드는 사람이지만, 나의 언행言行에 대해서는 아직도 스스로 만족스러움이 적다. 진중함이 태산과 같아야 함에도 산들바람과 같은 가벼움이 항상 내 가슴을 울적하게 하곤 한다.

그래서 이번 심득수행心得修行의 화두를 이러한 내 언행으로 삼으려 한다. 아주 기본적인 부분이면서도 참으로 어려운 것이기에 그 초월을 꿈꾸어 본다. 신명심을 중지에 깊이 품고 참도인이 되고자 하는 나의 마음이 내 자신의 존재성과 존재가치를 더욱더 빛내는 듯하다.

모든 오욕칠정의 초월을 발원하고, 오늘도 그 하나를 위해 꾸준한 발걸음을 옮긴다.

한기 14년 2월 20일 2002년 4월 2일

삼시三時의 연緣에 따라

삼시三時의 연緣에 따라 오고 감이 있고
삼시三時의 연緣에 따라 들고 남이 있으며
삼시三時의 연緣에 따라 맺고 끊음이 있음이라.

무엇을 도인道人이라 하는가?

하늘의 섭리에 따라 삼시三時에 순順할 수 있는 사람을 말함이라.
스스로 상선약수上善若水를 사랑한다 했듯이
넓게 차지한 공간을 조금씩 내어 줌이라.
장강의 앞물결이 뒷물결에 밀림은 천고의 법리가 아닌가!
나 이제 자연으로 돌아가 섭리 속에 젖어드노라.

한기 14년 2월 23일 2002년 4월 5일

스승님에 대한 마음

도반道伴이란 도를 닦아 나가는 벗이란 뜻이다. 일반적인 관점에서도 벗[友]과 스승[師]은 명백한 차이가 있는데, 공부가 끝난 도통자道通者와 수도를 행하고 있는 수도자修道者의 차이는 말할 필요도 없으리라 생각한다. 가르침을 구할 스승님에 대한 마음은 부모님에 대한 자식의 마음과 같다 하여 '사부일체師父一體'라 하지 않았던가! 인의예지신仁義禮智信을 겉으로만 두고 도道를 가슴 깊이 간직하려는 것은 허공에 손짓하는 것과 다르지 않다. 수도에 임하는 사람은 그 마음을 진중히 두어야 함을 다시금 명심했으면 한다.

한기 14년 2월 27일 2002년 4월 9일 09:26

비우기

도계道界에 승천하고 조금씩 공부가 진전되면서 가졌던 모든 생각과 모든 일에 대한 집착을 내려놓는다. 스스로 지금의 마음 그릇에 더 이상 충만함이 없음을 인식하기에 비우는 것을 주저하지 않는다. 이렇게 비우는 것이 좀 더 크고 넓은 마음의 바다로 나아가기 위한 작은 시작이므로 부질없이 탐하거나 집착하지 않을 것이다.

이제 한 걸음 물러서서 나와 내 주변, 천지와 우주 그 자체를 조용히 관조할 생각이다. 하나를 비워서 더 큰 하나를 얻을 수만 있다면 가슴속의 짙은 아픔도, 스스로 멍해져 있음도 기꺼이 감내할 수 있으리라. 나에게는 한 빛에 대한 그리움이 너무나 짙기 때문이다.

한기 14년 2월 27일 2002년 4월 9일 **09:49**

멍해진 마음

으쓱거리며 뽐내던, 그러면서 위압적이고도 편협한 나의 모든 마음과 그 마음의 부산물이 순간 사라졌다.

어디로 가버렸을까.

분명 이 마음 한자락에 숨어 있었는데, 뜻없이 바라보는 시선 속에 녹아들더니 까만 우주 속으로 사라져버렸다. 뒤이어 밀려오는 허무함과 고독감. 생각, 마음, 의식이 모두 하얗게 퇴색되어 돌연 멍해져버렸다.

내 존재는 어디로 갔을까!
인식의 모든 기능이 멈추어 버린 이 순간.
나는 어디에 있는가!
무엇을 하고 있는가!
다만, 그리움만 가득하다.

한기 14년 2월 28일 2002년 4월 10일

도인道人의 시대상

도문을 아끼는 분들이 많기에 여러 가지 기우의 글이 간혹 도화제 석문호흡 사이트 게시판을 장식하기도 한다. 관심을 가져 주시는 분들에게 우선 감사를 표하며, 선도에서 말하는 선천의 도인상道人像과 후천의 도인상道人像에 대해서 간략하게 언급해 보고자 한다.

선도仙道가 신선이 되는 길방법이라는 관점에서 볼 때 선천시대는 도통道通이 근본 목적이었던 시대였다. 그러나 선천시대 때는 하늘에서 태초의 빛인 근본자리로 승천할 수 있는 법法을 지상에 내려주지 않았다. 그래서 수많은 도인들은 선도의 맥脈을 잇는 것에 치중했고 이에 근기론根機論까지 나오게 되었다.

뿐만 아니라 선천시대는 모든 인간들이 도道가 구현된 지상 세계에서 살 시기가 아직 아니었기에, 선천시대의 도인들은 도인의 본래 모습인간의 모습과 신명의 모습이 함께 있는 존재 중에서 반쪽인 신명의 모습만을 주로 지니고 지상 사람들을 교화했다. 그들이 바로 4대 성현인 '부처, 공자, 예수, 증산'이다. 이 분들은 『천서』에도 언급했듯이 각각 하늘세계와 사람의 마음자리를 말씀하셨으며, 후천을 대비해서 필요한 것을 준비했던 것이다.

이와는 달리 후천시대는 도통이 근본 목적이 아니라 과정이다. 후천의 근본 목적은 지상에 천상 신명계를 내리고, 조화를 통해 지상낙원을 만드는 것이다. 이를 위해서 필연적으로 인간 개개인이 완전한 존재로 거듭날 필요가 있으며, 또한 신명과 인간이 다르지 않음을 알 필요가 있다. 후천 도인은 선천 도인들처럼 세상과 괴리된 상태로 도($道$)를 닦는 것이 아니라 세상 속에서 도($道$)를 펼쳐 다수의 인간에게 내면의 참 비밀을 일깨워 주어야 한다.

따라서 후천시대 도인들은 도인의 진면목인 인간의 모습과 신명의 모습을 모두 드러냄으로써, 인간이면서 동시에 신명인 존재들이 사는 세상, 바로 도인들의 세계를 만들어 가는 것이다. 그러므로 후천은 도인의 세상이라 하며, 선천과 달리 도인이 대우받는 시대라 할 수 있다.

이러한 관점에서 한 가지 주목할 것이 있다. 지금까지 도인이라 하면 고리타분하고 옛 것에만 머물러 있는 사람으로 인식하던 것을 이제는 과감하게 바꿀 때가 되었다. 지금 시대에 도($道$)를 펼치려면 오히려 일반 현대인들보다 더 앞선 생각으로 더 많이 현재의 문화에 동화되어 있어야만 이 시대에 녹아 있는 사람들에게 제대로 도道를 펼칠 수가 있는 것이다.

그렇다면 과거 농경시대와 달리 지금은 도道를 펼치는 데 큰 재원이 뒤따르는데, 이를 어떻게 풀어 가야 할까? 재원이 필요하다 해서 따르는 사람들을 미혹하여 그들의 재산을 갈취하는 것이 과연 정도正道라 할 수 있겠는가!

이에 도문에서는 정당한 방식으로 다양한 재원을 확충할 수익 사업을 모색하면서 우리와 직간접적인 관계가 있는 '석문한의원'을 열게 되었다. 석문한의원은 한당 선생님께 사사한 다수의 한의사들이 힘을 합쳐 개원한 것이다.

앞으로도 우리 도문은 정당한 방식으로 재원을 확충해서 어느 한 나라가 아닌 전 지구에 도법을 펼칠 것이다. 이것이 현대의 자유 민주주의 사회 분위기에 맞는 도펼침이 아니겠는가! 더 이상 한쪽 눈으로만 도인의 모습을 만들어서 스스로를 시험에 들게 하지 말라.

후천은 단순히 선도의 맥脈을 잇는 시대를 넘어 하늘의 법法을 지상에 내려 도인의 세상을 구현하는 시대이기 때문이다. 앞으로는 도인들의 사상과 철학을 전수받은 정당이나 회사, 기타 여러 단체가 넘쳐나게 될 것이다.

이것이 바로 후천으로 가는 제대로 된 여정이 아니겠는가!

한기 14년 2월 28일 2002년 4월 10일

충만함

까만 밤 모두가 고요함에 녹아
의식의 저편으로 달려갈 때에
홀로 또 다른 고요함에 젖는다.

내면의 충만함이 삼매三昧로 이끄니
한 호흡에 빛을 타고 하늘 문을 열어
선경仙境에 드노라.

무엇이 나를 반길까!

태고의 빛들이 나의 형상으로
얼굴 가득 포근하게 미소를 지으며,
멀리 떠났다 돌아온 자식 반기듯 한다.

아아아!

어디서 이 같은 충만함을 느낄까!
다만, 차 한 잔으로 지난날을 회고하며
담소를 나눌 뿐이라.

한기 14년 2월 28일 2002년 4월 10일

제자의 마음

사부일체師父一體라는 말을 항상 가슴에 간직하고 살아간다. 자신을 낳아준 부모만큼이나 올바른 인간이 될 수 있게끔 가르쳐 준 스승님의 은혜도 크다는 의미로 이 말을 받아들이고 있다. 세속의 가르침도 이와 같을진대, 하물며 삼생三生의 인연하늘의 인연으로 만난 한당 선생님에 대한 마음이야 더욱 각별할 수밖에 없다. 본인은 11년간 한당 선생님을 모셨고 그분의 가르침을 받은 제자로서, 한당 선생님께서 굳은 의지로 지키셨던 도문의 청명함을 신명으로 받들 것을 항상 가슴에 두고 살아온 사람이다.

우리 도문은 지난 11년간 정말 많은 어려움과 역경을 겪었다. 가장 큰 이유는 상업화하지 않고 선도의 참된 이치대로 도법을 펼치려 했기 때문이다. 덕분에 지금까지 원칙을 지키며 68개의 지원, 200명에 가까운 실무진, 제법 많은 도반들이 석문호흡을 공부하게 되었다. 그러나 지금 우리는 한 가지 어려움에 봉착했다. 한당 선생님의 가르침을 본받아 상업화하지 않는다는 것은 참으로 좋은 생각이었지만, 도道를 온 천지간에 펼친다는 뜻의 '도성구우道成救宇'를 실현하기 위해 실무진이 생활 속에서 도道를 구현하다 보니 실무진의 후생을 비롯해서 많은 현실적인 어려움을 겪게 된 것이다.

그런 가운데 실무진은 초발심과 달리 점점 정체되기 시작했다. 선도 공부가 하루아침에 깊이 있게 진전되는 것도 아니고 현실은 자꾸 어려움에 봉착하니, 뭔가 돌파구를 찾아야만 했다. 지금 여기서 좌절하기에는 너무나 안타까운 일이었다. 그러나 '믿고 따르는 도반 분들의 주머니를 탐할 때부터 사이비가 된다'라는 한당 선생님의 가르침에 따라 도문 재정이 어렵다하여 수련법의 상업화를 시도할 수는 없는 노릇이었다.

그래서 우리는 정당한 방식으로 재원을 만들어야겠다는 생각에 석문한의원을 열게 되었다. 석문한의원은 한당 선생님께 사사한 다수의 한의사들이 뜻을 모아 만든 것이다. 우리는 석문한의원을 통해 세상에 배려도 하고 재원도 만들어 도道를 펼치는 기본 틀을 구축할 생각이다. 뿐만 아니라 지속적으로 재원을 확충하면서, 뜻 있는 사람들의 도움을 받아 정당한 방식의 수익사업을 할 것이다. 머지않아 '일문'이라는 회사명을 접하게 될 것이다. 이러한 사업을 통해 떳떳하게 본원 건물아직은 세 들어 살고 있다과 그 외 필요한 것을 마련할 생각이다. 그렇다면 이것이 한당 선생님의 차車와 무슨 상관이 있다는 말인가.

돌아보면 지난 세월 선생님께서는 도道를 통하셨음에도 참으로 많은 어려움을 겪으셔야 했다. 선생님 가족분들이 도장에서 우리와 같이 거하셨고, 한 달에 5만원에서 30만원 정도의 생활비로 살아가셨다. 조금 더 도문이 발전해서 여유가 생겼을 때도 티코나 이스타나를 주로 타시고 전국을 다니시며 도道를 펼치시곤 했다. 누군가 선생님께 그랜저 차를 선물로 드렸더니, 그것을 당신의 제자에게 주시면서 "나보다 거산께서 더 필요할 것 같군요."라고 하셨다. 그러시면서 여전히 이스타나가 좋으시다고 고집하셨다. 덕분에 나는 거산 경사께서 탔던 르망을 받게 되었다.

당시 나도 경상권역과 전남권역에 수련 점검을 하러 다녀야 해서 차가 꼭 필요했던 상황이었다. 물론 지금은 산타모를 타고 다닌다. 한 달에 족히 5,000km를 넘게 다니다 보니 휘발유 값을 감당하기 어려워 LPG 겸용으로 하나 장만한 것이다.

이즈음 한당 선생님께서는 서예 작품을 통해 약간의 재원을 마련하셨다. 교육센터를 짓기에는 터무니없이 부족한 돈이라 좀 더 때를 기다리기로 했는데, 얼마 후 석문한의원을 만들면서 재원을 조금 더 마련하게 되었다. 제자들은 한당 선생님께 청하기 시작했다. 도문의 규모도 있으니 차라도 편안한 것으로 하나 구입하시라고, 몇 년간 미루셨던 것이니 이참에 대형 고급차를 하나 구입해서 후천은 도인이 잘사는 세상이란 것을 많은 제자들에게 보여 주시라고, 그래서 제자들이 좀 더 당당한 마음가짐으로 호연지기를 나투며 세상 곳곳에 나아갈 수 있도록 하셔야 한다고 말씀드렸다.

그렇게 청한 사람 중에는 나도 있었다. 후천은 도인이 숨는 세상이 아니라 밖으로 활발하게 움직여서 하늘의 섭리대로 지상의 삶을 영위하는 참다운 세상인데, 그런 시대에 재원을 바르게 형성하고 그 가치대로 활용해서 제대로 도道를 펼친다면 도인이 부富를 가지고 있어도 좋다고 생각했다. 물론 제자로서 안타까운 마음도 있었다. 인연을 맺고 지금까지 고생 아닌 고생만 하고 살아오셨던 한당 선생님께 항상 죄송스러울 따름이었다. 지상에 하늘의 도법道法을 가지고 내려오신 것만도 감사한데, 지상 사람들을 위해 저토록 고뇌하시고 절치부심하시는 모습을 보면서 항상 제자인 나의 무능력을 한탄해왔다.

뿐만 아니라, 사람들이 자기들식대로 도인의 상像을 만들어 이런저런 오해를 해도 아무 말씀 없이 감내만 하시는 모습이 너무도 죄송하고 죄송스러웠다. 그래서 조금 여유가 생겼으니, 우선은 선생님부터 조금 더 편안하게 모셔야겠다고 생각했다. 도道를 펼치는 일은 하루 이틀 만에 끝나는 것이 아니니, 우선은 제자로서 스승님에 대한 안타까움을 일소해야겠다는 생각이 많은 제자들 속에 형성되어 강행한 것이 오늘과 같은 상황을 만든 것이다.

우리는 또 한 번 한당 선생님께 죄송하게 되었다. 또 이렇게 고뇌에 들어가시게 했으니 말이다. 그러나 나를 비롯하여 많은 제자들은 우리가 정당하게 형성한 재원으로 마련한 차에 대해서 아무런 죄스러움이 없다. 하늘을 우러러 부끄러움이 없을 뿐만 아니라, 그것이 바로 후천을 제대로 지상에 구현하는 것이라고 생각했기 때문이다.

한당 선생님과 공부가 깊은 우리 제자들은 모두 다 공인公人이다. 이 말에는 나도 공감한다. 그러나 도인이며 공인이기 때문에 항상 눈치만 보고 산다면, 그것이 어찌 도인이겠는가! 진정한 노력과 당당함이 있을 때는 하늘도 굽어보거늘…. 겉으로 드러난 것만 보고 함부로 속단하지 말기를 바란다.

한기 14년 2월 28일 2002년 4월 10일

물 만난 물고기 마냥

도화제와 한당 선생님 도호의 무게를 실감하는 하루였습니다. 많은 관심과 아낌없는 비판과 사랑에 깊이 감사를 드리는 바입니다. 다만 석문호흡 수련을 하지 않으면서, 혹은 별다른 인식이 없으면서도 깊은 관심을 가진 듯, 근거 없는 비난과 비판에 물 만난 물고기처럼 아무 이유 없이 동조하고 있는 분들은 자제해 주기를 바랍니다. 또한 이번 일로 실망을 느끼고 믿음에 한계가 와서 수련에 불안감을 가지게 된 분들은 스스로의 믿음을 다시 한번 돌이켜 살펴보기를 바랍니다.

글로써 설득하는 데에 스스로 한계를 절감합니다. 역시 도인에 대한 고정관념은 참으로 깊구나 하는 마음도 들고, 비판하려고 작정하고 비판하는 것을 어떻게 막겠나 싶기도 합니다. 그렇다고 도문이 11년 간 지녀왔던 청명함이 어디로 가는 것은 아니니, 이 부분에 대한 변론은 개인적으로 큰 의미를 못 느낍니다. 다만, 근거 없는 비판에 대해서는 비판한 분에게 책임을 물을 수도 있습니다.

다시 한번 더 도문에 대한 깊은 관심에 감사를 표하는 바입니다. 더욱더 열심히 도道를 펼치라는 뜻으로 알고 이제는 편안히 일상으로 돌아가도록 하겠습니다.

한기 14년 2월 29일 2002년 4월 11일

무한한 우주

한 의식을 깨워 빛 속으로 나아갔다. 도계로 승천하려는 나의 의지에도 빛은 원래의 경로를 벗어났다. 어디일까! 주위를 둘러보려는 찰나에 확 트인 우주공간이 펼쳐진다. 무수한 별들이 반짝이는 무한의 까만 공간 속에서 말을 잊고 홀로 멍하니 쳐다만 보다가 무언가를 발견했다. 우주의 우측 하단 부위에 옅은 적색으로 비치는 별들의 무리, 적색 빛의 은하를 발견한 것이다.

그 빛이 너무나 신비하게 다가오기에 그곳으로 여행을 결심하고 앞으로 나아가니, 어찌 된 일일까! 마치 블랙홀에 빨려 들어가듯 빛의 통로 속으로 들어가는 것이 아닌가. 빛무리 속으로 들어가니 어떤 공간이 펼쳐졌는데, 분위기가 사뭇 오묘하고 신비했다. 마치 밝은 빛 속에 운무가 끼인 것과 같았다. 이런저런 존재들을 만난 듯한데 그들이 누구인지는 모르겠다. 얼굴도 정확히 기억나지 않는다. 다만, 적색 빛의 은하와 신비로운 분위기만 기억날 뿐이다.

한기 14년 2월 29일 2002년 4월 11일 18:25

여여如如함

요즈음 나는 뭔가 알 수 없는 힘에 이끌려 변화에 변화를 거듭해 간다. 엊그제는 나를 비우기 시작했는데, 어느새 또 안정을 찾고 평온해지기 시작했다. 너무나 급격하게 변하는 바람에 내 육신이 적응해 나가기 힘들 정도다. 그러나 나의 정신과 마음만큼은 놀랄 정도로 완벽하게 적응해 나가고 있다. 도대체 나에게 무슨 일이 벌어지고 있는 것일까!

오직 한 생각만이 존재하더니, 이제는 여여함만 남는다.

한기 14년 2월 30일 2002년 4월 12일

비인부전

수도修道를 하는 사람들에게 널리 알려진 일화 중에서 스승에 대한 마음과 도道를 구하는 제자로서의 마음에 대한 이야기가 있다. 바로 구정선사에 대한 이야기다. 아시는 분들은 다 아시겠지만, 스승께서 밥을 준비하는 제자의 솥을 아홉 번이나 발로 걷어차도 제자는 묵묵히 아무 말 없이 솥을 올려 스승께 예의를 다했다 하여 후일 '구정선사'라 불리게 된 이야기다. 여기서 우리는 솥을 걷어찬 스승에 대한 판단보다 먼저 묵묵히 솥을 올린 제자의 도리에 대해서 한번쯤 생각해 보았으면 좋겠다.

스승은 어떤 마음으로, 무엇 때문에, 어떤 곡절이 있어서 그리했는지?

우리들은 아직 '한당'이란 분을 겉으로만 보았지, 그 마음을 보지는 못했다. 설령 마음을 보았다 하더라도 얼마나 참되게 볼 수 있는지, 스스로 깊이 생각해 볼 필요가 있다. 세월이 말해 주겠지만 그분을 섣불리 판단해서 결론짓지 말아야 한다. 내 자신이 참으로 이러한 어리석음으로 여러 일을 겪었기 때문에 말하는 것이다. 여러 번 한 당 선생님을 비판하다가도 조금 지나면 금방 반성하고 후회하면서 참회를 했던 적이 너무나 많았다.

선도공부는 예로부터 비인부전非人不傳이라 했다. 스스로는 자신을 공부할 만한 그릇이라 생각하더라도 공부를 전할 스승께서 그만한 그릇으로 보지 않으면 전하지 않는다는 말이다. 그만큼 전하는 사람과 전해 받는 사람에게 책임이 따른다는 의미이기도 하다.

스스로 돌아보건대, 얼마나 공부를 전해 받을 만한 그릇이 되는지 생각해 볼 필요가 있다.

한기 14년 3월 1일 2002년 4월 13일 08:11

스승께서는

가슴속에서 소리 없이 스며 나오는 한 생각을 옮기려니 울적함이 밀려온다. 아마, 한당 선생님의 그간 도행道行이 스쳐 지나갔기 때문일 것이다. 나는 한당 선생님의 수많은 가르침 중에서 그분께서 몸소 생활 속에서 보여 주셨던 무언의 가르침 하나를 항상 간직하고 있다. 다름 아니라 '스승의 도리만 다하실 뿐, 제자들에게 제자의 도리를 말씀하시지 않으셨고, 도道를 펼치실 뿐이지 그 대가를 마음에 두시지 않으셨다'는 점이다.

나 역시 아직은 너무나 부족하지만 항상 제자의 도리만 다할 뿐 스승께서 어떻게 해 주시기를 바라지 않으려 했고, 도道를 펼칠 뿐이지 그 대가를 마음에 두지 않고 스스로 중지를 세우려 했다. 이렇듯 일반적인 상호교환의 논리에서 벗어나니 '선배려 후도법'이라는 가르침을 행할 때마다 마음이 가볍고 청량했다. 뿐만 아니라, 이러한 마음은 수도를 하면서 겪는 수많은 어려움이나 역경을 이겨 내는 데 큰 힘이 되었다.

후천시대의 새로운 시작을 위해서 인식의 전환이 일어나야 할 시점에 한당 선생님께서는 또 한 번 많은 도인들을 위해 스스로 고뇌를 짊어지셨다. 최근 일어난 일들은 한편으로 도문이 크게 일어나서 세상을 향해 나아갈 때가 되었음을 말해 주기도 한다. 앞으로 일어날 어떤 현시적顯示的인 모습, 즉 '도인은 가난해야 한다'는 통념이 무너지면서 일어날 사고思考의 혼란함을 먼저 겪게 하면서 완화시키지 않았나 싶기도 하다. 그 이유가 무엇이건 나는 여전히 한당 선생님을 공경하고 존경한다. 그분께서 11년간 우리에게 보여 주셨던 생활 속의 가르침을 직접 보았기 때문이다.

한기 14년 3월 1일 2002년 4월 13일 16:43

들꽃

변덕스러운 날씨는 봄이 아닌 듯하지만, 들판은 온통 봄으로 단장을 했다. 요즘 내 마음에 한 가지 변화가 생겼다. 지금까지 살아오면서 들에 핀 꽃에 큰 관심을 가져본 적이 없는데, 요즘에는 형형색색을 이루는 들꽃에 시선이 많이 간다. 어찌된 연유인지 노랑, 빨강, 자주색 등등 여러 빛으로 어우러진 들꽃들이 내 마음을 끄는 것이다.

단동에 들꽃 사진들이 올라오고, 단동일보[1]에 여러 꽃들에 대한 정감 어린 글들이 소개되면서 감흥이 일어난 듯하다. 올해의 들[野]은 나에게 유난히 많은 감동을 주고 기쁨을 맛보게 한다.

---

1) PC통신 천리안 단전호흡 동호회 내에 있던 특별 게시판이다. 여러 게시판에 올라온 글들을 다시 편집하여 모으거나 따로 글을 받아서 일보 형식으로 올리는 곳이다.

한기 14년 3월 2일 2002년 4월 14일 **22:58**

삼매 三昧

오직 한 마음으로 하늘을 우러러봅니다.

참된 자유와 여여함을 꿈꾸고

진리를 세상에 알리는 가운데 가졌던 온갖 마음과 행동들,

정당화되었거나 정당화시켰던 모든 일을 성찰하며

한 마음 외에는 비우고자 합니다.

애처롭고 가슴 아픈 마음을 뒤로 하고,

미처 알지 못했던 어둠마저도 비우고자 합니다.

삼매에 들어 하늘 앞에 엎드려 청합니다.

한기 14년 3월 3일 2002년 4월 15일 **04:08**

그리움

마음을 비우니 그리움만 남습니다.
그리움이 너무나 짙어 하늘에 올랐습니다.
하늘빛 속에서도 사라지지 않는 이 그리움은
어쩌면 이 하늘 끝자락의 여운일까요?
쏟아지는 빗소리에 묵묵히 앉아 그 향기를 찾습니다.

한기 14년 3월 5일 2002년 4월 17일 07:20

참회

엎드려 하늘과 모든 삼라만상에게 고하노니 내가 지은 수세기의 업業을 참회하고 또 참회하노라. 수많은 전장을 누비며 자의든 타의든 죽인 헤아릴 수 없는 영혼들과 한량으로 한생을 접으며 시린 한恨을 주었던 여인들, 여러 전생 업의 습관으로 타고난 나의 까다로운 성격, 이를 스스로도 알기에 수도로 승화시키려 했다. 이제는 어느 정도 그 끝을 보았다 했거늘 아직도 잠재하고 있다니. 이것이 후대까지 넘어갈까 사뭇 두려워지는구나.

아아아, 하늘의 오묘함이 극의를 허락한다면 내 전생에 지은 업보를 모두 씻어 내리라.[2] 내 까다로움의 근원을 모두 다 갈무리해서 승화시키리라. 궁극의 자리에 대한 그리움으로 모든 것을 풀어헤쳐 먼저 만상과 하나 되는 것만 남았다. 하늘이 그 자리를 허락할런지.

---

[2] 한조님께서는 전생이 없으시다. 다만 모든 존재들에게 도道를 펼치시기 위한 하늘의 안배에 따라 보편적인 존재들이 밟아 나가는 환경과 여건들을 유사하게 겪으실 수 있도록 과정과 절차가 준비되어 있었다. 도계 수련의 과정에서 보신 전생의 삶은 모두 다른 존재의 전생으로 하늘이 안배한 일종의 가상적 공부환경인 것이다.

한기 14년 3월 5일 2002년 4월 17일 **07:27**

자유로움

삼라의 무량함으로부터 참된 여여함이란 무엇일까!
오랫동안 찬란한 빛에 마음을 두었고
자연스러운 자유로움에 생각을 모았다.
무엇이 그러함일까!
전생과 지난 삶의 업業을 지우는 것이 그것일까.
내게 화두가 남는구나.

한기 14년 3월 6일 2002년 4월 18일

선도수련

선도수련을 행하다 보면 많은 의구심, 고뇌, 번민, 갈등이 생기기도 한다. 개인적으로 이런 마음이 잘못이라고는 생각하지 않는다. 다만, 이를 부정적인 사고가 아닌 긍정적이고 적극적인 사고로 헤쳐 나갈 필요가 있다. 그 속에 어떤 공부가 있으리라 생각하고 꾸준히 탐구해 나간다면, 보다 넓고 깊은 심득을 얻는 계기가 될 수 있는 것이다. 심득을 통해 성장하는 자신을 보면서 방금 전까지 괴로워했던 것들이 일순간 달리 보이게 되는 것을 경험하며 다시 무난히 걸어갈 수 있는 힘을 가지게 된다. 아무쪼록, 수행을 하다가 어떤 어려움을 겪게 되면 용기를 잃지 말고 스스로 무엇 때문에 이 길을 걸어가는지 그 중지를 금강석보다 더 단단하게 세워서 호연지기로 헤쳐 나가기 바란다.

용기를 내기 바란다.

한기 14년 3월 8일 2002년 4월 20일

도담도답 | 현치술

선가仙家의 공부는 비인부전非人不傳이라 전할 사람이 아니면 전하지 않고, 전하면 반드시 그 전한 사람과 전해 받은 사람에게 책임이 따르는 공부이지요. 그래서 예로부터 선인들께서는 공부를 가볍게 전하지 않았습니다. 또한 선가의 공부는 도道를 위한 공부이지 도력道力을 위한 공부가 아닙니다. 도력은 수도를 하다 보면 부수적으로 뒤따르는 것일 뿐입니다. 질문하신 분도 이런 관점에서 현치술玄治術[3]을 보기 바라면서, 현치술에 대해서 개괄적으로 언급해 보겠습니다. 현치는 기의 관점과 빛의 관점이 있습니다. 즉 양신을 이루기 전에 하는 현치술과 양신을 이루고 나서 하는 현치술이 있는데, 양신 이전의 방식은 다른 도반이 답변한 아래 게시글에서 설명이 잘된 듯합니다.

그러면 양신 이후는 어떤 방식일까요. 양신 이후는 주로 영靈을 다루어 기운으로 치료하는 방식입니다. 한가지 예를 들면, 다른 사람의

---

[3] 현치술玄治術이라 함은 진기를 타고 행하는 도인술道人術을 말한다. 즉 우주의 무한한 진기를 운용하여 자신이나 혹은 타인의 아픈 부위를 치유하는 것이다.

본령本靈을 내 몸에 씌워서 현치로 그 본령을 치료하고 나서 다시 그 사람에게 본령을 돌려보내는 방식인데, 효과가 탁월합니다. 여기에서 말하는 본령이란 바로 일영一靈, 삼혼三魂, 칠백七魄에서 말하는 그 영靈입니다.

만약 현치술에 대해서 자세히 알고 싶으시면 아래 도반의 설명처럼 현무부터 연습을 해서 극의를 얻는 것이 중요합니다. 그러한 공부를 통해서 심득을 얻는 것은 더욱더 중요합니다.

한기 14년 3월 13일 2002년 4월 25일 01:38

전하노라

하늘의 음성을 받은 이가 있어 내게 전함에
도문의 실무진과 여러 도반들에게 전하노라.

노력이란 무엇이고 욕심이란 무엇인가!
그것은 마음에서 시작되나니
작은 마음의 씨앗에서 크나큰 차이가 생기는도다.
한 두 방울 떨어지는 낙숫물이 바위를 뚫듯,
낙숫물이 이어져 계곡이 되고 폭포 되어
한 점에 모일 때 커다란 바위를 뚫으리니
다른 곳을 보지 말라.
마음에 이는 한 점 의혹을 떨치라.
의혹에 정신을 빼앗기면 다시는 돌아오기 힘이 드니
그대들이여!
물방울이 바위를 뚫듯
요행을 바라지 말고
수련하라.

한기 14년 3월 13일 2002년 4월 25일 **01:38**

양신방을 졸업하면서

양신을 이루고 도계에 승천한 지 벌써 3년째에 접어들었습니다. 양신을 이루었으니 더 이상 양신 공부 단계가 아니면서도 이 게시판을 떠나지 못했던 것은 바로 정情 때문이 아니었을까 생각해 봅니다.

문득 이곳을 떠날 때가 되었다는 생각이 듭니다. 양신을 공부하는 많은 사람들이 오히려 나 때문에 이 방을 사용하지 못하게 되지 않았나 하는 마음마저 일어나 사뭇 당황스럽기까지 합니다.

이제는 조용히 장강의 뒷물결에 밀려나려 합니다. 양신 공부를 하는 후학들은 이 방에 온기가 가시지 않도록 부지런히 글을 올려서 다음 후학들에게 공부의 길을 제시해 주기를 간곡히 부탁합니다.

한기 14년 6월 21일 2002년 7월 30일 08:04

양신 공부 안내

양신 공부에 대해 다음과 같이 안내한다.

1. 전제조건 : '도광영력道光靈力을 백회로 받아 하단전 여의주에 보낸다'라는 심법을 걸면 도광영력이 유입된다는 믿음을 갖고 시작한다.

1) '도광영력을 백회로 받아 하단전 여의주에 보낸다'라는 심법을 걸고 나서 내면으로 몰입하면, 공간감까만 빛이든 하얀 빛이든 연두나 빨강이나 기타 어떤 빛이든 간에 눈을 감기 전에 없었던 어떤 것이 느껴지거나 보이면 그것이 바로 도광영력과 자신의 의식이 합일해서 생성된 공간이다이 형성된다.

2) 공간감이 형성되면, 무조건 보이는 공간의 정중앙을 주시하라.

3) 찾아가고자 하는 목표점을 찾아가겠다고 심법을 걸어라. 예를 들면 '여의주를 찾아간다'라고 심법을 건다.

4) 앞으로 천천히 나아가라. 앞으로 나아갈 때는 천천히 가야 하는데, 마치 밤길을 걷는다는 마음으로, 아니면 어떤 무거운 것을 짊어지고 가거나 끌고 간다는 마음으로 나아가면 된다. 이유는 너무 빨리 앞으로 나아가면 도광영력이 끊어지기 때문이다.

5) 앞으로 나아가다가 공간감이 사라지면 바로 눈을 떠서 수련을 끝내지 말고, 가만히 멈추어서 도광영력을 받아라. 받는 방법은 '도광영력을 받는다'는 심법을 걸고 가만히 몰입하면 된다.
6) 그렇게 도광영력을 받다 보면 다시 공간감이 형성된다. 이때 다시 나아가라.
7) 양신 수련에서 '본다'는 개념이 수련에 큰 방해 요인으로 작용할 때가 있는데, 이는 내면의 공간에서 '본다'는 것에 적응이 안 되어 있거나 안광이 아직 밝지 못해서 생기는 현상이다. 이때는 자기 자신에 대한 흔들림 없는 믿음과 자기 자신에 대한 자신감을 가지고 여러 번 시도하면 조금씩 나아진다. 한두 번의 시도로 쉽게 좌절하는 사람은 더 이상의 방법이 없음을 상기하기 바란다.
8) 수련을 마칠 때는 '지금까지 지나온 모든 과정을 기억한다'라는 심법을 걸고 끝내라.

2. 양신 공부의 진전은 다음 세 가지 요건이 충족되어야만 한다.

1) 도심道心 : 도심은 수심을 통해 심득을 쌓아 나가면서 천지대자연의 이치를 조금씩 습득하다 보면 생성되는데, 이러한 도심은 수도자에게 믿음과 확신을 심어 준다. 양신 공부에서 가장 중요한 마음가짐은 믿음과 정성이겠지만, 일반적으로는 오심五心이 모두 필요하다.

오심이라 함은 바로 믿음, 정성, 노력대가 없는, 순수함, 배려심이다. 또한, 배려를 통해 공덕을 쌓을 때는 무성無聲, 무흔無痕, 무심無心해야 한다. 자신과 스스로에 대한 믿음이 금강석과 같다면, 그 믿음이 스스로에 대한 헌신을 일으켜 수련에 깊은 진전이 있을 것이다. 이때 배려심과 더불어 조화를 잊어서는 안 된다.

2) 내력 : 도심이 있어도 내력이 부족하면 안된다. 내력이란 꾸준히 하루하루 수련하는 가운데 생성되는 것이다. 수련이란 하루하루의 흐름이 중요한데, 양신 공부는 아주 예민한 공부인지라 수련이 잘 되다가도 쉽게 흐트러지기 쉬우므로 조신調身과 조심調心을 항상 염두에 두어야 한다. 특히, 오감을 통한 오락성 풍류는 절대로 금물이다. 수련에 많은 장애를 줄 뿐 아니라, 마음이 항상 깨어 있는 것을 방해한다. 양신공부는 자기 자신을 그 만큼 더 깊이 알아가는 과정이며 각고의 노력으로 절차탁마해야 하는 것임을 명심하자.

3) 몰입력 : 강한 몰입력은 강한 정신과 흔들림 없는 마음에서 나온다. 이를 위해서는 행공이 중요하다. 행공은 연속 3행공처럼 연달아 하는 방식이 제일 효율이 높다. 만약, 공부를 하다가 마음이 산란해지고 고뇌가 깊어지거나 반대로 기쁨과 즐거움이 크게 일어나는 등 평정심을 흐트리는 어떤 환경이 생기면, 반드시 행공을 통해 스스로

를 평정하고 다시 강한 정신을 일으켜 중지를 세워야 한다.

3. 수련 중 어떤 미지의 공간을 만났을 때는 두려워하지 말라. 그 두려움이 스스로를 움츠러 들게 하고 도광영력을 끊어지게 한다. 스스로 공간에서 빠져나오려고 할 때는 차분히 미지의 공간을 주시하면서 출구를 찾는다는 마음으로 주위를 돌아보면 밖으로 빠져나가는 빛의 통로가 있다. 빛의 통로가 보이거나 느껴지면 이를 통해 밖으로 나오면 된다. 만약 여의주를 찾다가 이러한 현상이 생기면 '여의주를 찾아간다'라는 심법을 걸고 다시 보이는 공간의 정중앙을 주시하면서 앞으로 천천히 나아가면 그 공간을 빠져나오기도 한다.

4. 어떤 공간에서 사람 형상의 존재를 만나면 누구인지 물어보고 대화를 해 보는 것도 좋다. 대신에 그들이 진상이 아니라 허상일 수도 있으니 너무 끌려가지는 말아야 한다. 보통 허상은 그 상像이 많이 흐리고, 보고 있으면 눈이 아프거나 충혈되는 경우가 많다.

5. 생각과 마음을 단순하게 하고 어려움을 피하려 하지 말아야 한다. 한당 선생님께서 말씀하신 '무고무도無苦無道'처럼 공부는 반드시 어려움 속에 내재해 있다. '도고일척 마고일장道高一尺 魔高一丈'이란 말이 새삼 크게 다가오는 순간들이 있을 것이다. 그럴 때마다 이것은 공

부가 깊어진다는 것은 새로운 고뇌거리가 밀려오는 것이고, 새로운 고뇌가 밀려온다는 것은 다음 공부를 위해서 어떤 환경이 조성되고 있음을 알아야 한다. 좌절하고 쓰러져서 일어나지 못한다면 다음 공부란 없다. 고뇌 속에서도 심득을 찾아서 오뚝이 정신으로 끊임없이 일어나야 한다.

대략 두서없이 양신 공부에 도움이 될 만한 것을 나열해 보았다. 수련에 조금이라도 도움이 되어서 각자 열려 있는 하늘의 시운을 받아 신명의 세계로 들어가기를 간절히 발원하는 바다. 하늘은 스스로 돕는 자를 위하여 많은 것을 준비해 놓고 있음을 기억하자.

한기 14년 6월 23일 2002년 8월 1일

접신

낮에 채팅을 하는데 석문한의원의 정수 사범으로부터 뜻밖의 소식을 들었다. 한당 선생님께서 내 공부와 의료실무진의 공부를 위해서 의술신명 한 분을 내게 접신接神시키셨다고 한다.

'접신'이란 말은 원래 나쁜 뜻이 아니다. 우리가 알고 있는 일반적인 현상은 접영接靈, 즉 빙의憑依가 더 사실에 가까운 용어다. 접신을 원래의 의미대로 풀어서 해석하면, '신명을 몸에 붙인다'는 뜻이다. 천상 신명이 지상 인간의 육신에 내리는 것을 말하는 것이니, 어찌 멀리하고 싫어하겠는가.

아무튼 정수 사범으로부터 사부님 말씀을 전해 듣고는, 마침 와 계시나 싶어서 둘러보니 모르는 할아버지 한 분이 보였다. 어떻게 오셨냐고 물으니 위에서 보내서 왔다고 했다. 앞으로 인간 생성의 이치를 인식하게 될 것이라고 덧붙이시며 활짝 미소를 지으셨다. 신명께서 아주 밝은 모습을 보이니 내 마음도 흐뭇하다. 그러나 한편으로는 마음이 무거워진다. '내가 과연 잘해 낼 수 있을까'라는 마음과 함께, '사부님께 누를 끼쳐서는 안 될 텐데'라는 생각이 가슴 밑바닥에서 올라왔다. 때가 되면 약 분석도 내게 넘긴다고 하시니 나의 도안이 공부를 통해 충분한 수준이 되어 한당 선생님을 흡족하게 해드려야 할 텐데 다소 걱정이 앞선다. 그러나 최선을 다하겠다. '모사재인 성사재천 謀事在人 成事在天'이라 하지 않았던가. 오직 최선을 다하다 보면 무언가 흐름이 생기리라 생각한다.

한기 14년 6월 23일 2002년 8월 1일

만물일여의 한 과정

4천도계에 입천한 이후로 하루에 최소 열한 번은 천하 만물과 합일해 봐야겠다는 마음을 가졌다.[4] 가르침을 받기로는 4천도계 공부에도 그 과정이 있다고 한다. 요즈음 나는 그중에서도 첫 번째 과정인 '만물과 합일해서 마치 나처럼 느끼고 인식하는 것'을 공부하고 있다. 한당 선생님께서는 사물이 가지고 있는 성향이나 온도, 재질 등등 여러 가지를 알아보라 하셨다. 오늘 몇 번 해 보니, 아침에는 조금 합일도가 떨어졌는데 자꾸 하다 보니 조금씩 합일도가 높아지는 것 같았다. 그래서 처음에는 단순하고 작은 것과 합일해 보다가 나중에는 복잡하고 큰 사물도 시도해 보았다.

---

[4] 한조님께서 3천도계 입천 인가를 받으셨을 때, 주변에 알리지 않으셨다. 한당 선생님께서 그렇게 할 것을 당부하셨기 때문이다. 이것은 도문을 열고 자리를 잡아가는 과정에 공功이 있던 다른 제자의 마음을 배려하시기 위한 안배였으며, 다른 한편으로는 누구보다도 빠르게 시운이 열리는 한조님의 승천 흐름과 형국에 안정적인 환경과 여건을 마련해 주시기 위한 안배이기도 했다.
그런 연유로 다른 존재들에게 드러내지 않고 3천도계 공부를 9개월 가량 정진하고 계실 즈음, 한당 선생님께서 많은 실무진들이 모인 자리에서 한조님의 3천도계 공부를 확인하시고 4천도계 입천 인가를 내리시어 그러한 사실이 널리 알려지게 되었다. 3천도계 입천 인가와 4천도계 입천 인가의 내용 없이 곧바로 4천도계 수련에 관한 일지를 올리신 것은 그러한 이유 때문이다.

퇴근하면서는 내가 타고 다니는 차와 합일을 해서 심중을 들어 보았다. 차는 "불안합니다. 저를 부드럽게 다루어 주었으면 합니다."라고 말했다. 미안하기도 하고 좀 놀라기도 했다. 아마도, 시간에 쫓길 때면 과속을 하다 보니 이렇게 생각하는 것 같다. 점점 4천도계 공부에 집중하는 중이니 조만간 이채로운 경험이 나오리라 생각한다.

한기 14년 6월 23일 2002년 8월 1일

우주

아아, 장엄한 우주여!

무수히 많은 별로 이루어진 성단과 은하수들. 처음에는 토성처럼 생긴 행성에서 시작했던 이 장엄한 우주여행은 끝도 없이 이어졌다.

눈을 감아도 까만 밤하늘에 반짝이는 별들이 무수히 지나가 눈을 떠도 다시 펼쳐지는 이 장엄한 광경이 오늘만은 아니건만, 오늘따라 새롭게 느껴지는 이유는 무엇일까.

이와 같은 공간만 있다면 무량의 세월이 찰나와 같고 찰나의 순간이 마치 무량과 같음이라. 쉼 없이 움직이나 시작과 끝을 알 수 없고, 쉼 없이 움직이나 마치 가만히 멈춘 듯한 이 느낌을 무엇이라 할 것인가.

눈을 감아도 펼쳐지고 떠도 펼쳐지는 황홀한 광경에 말을 잊고 그냥 그대로 나아가 멈추고 이어가니…. 흐름이 나를 거부하지 않음이고, 나 또한 그 흐름을 삼가지 않음이라.

아아! 무량의 이 시간, 무진 속에 녹아드노라.

한기 14년 6월 25일 2002년 8월 3일

계기 그리고 변화

본래 침 맞고 뜸 뜨는 것을 그리 좋아하지 않는 성향이라 지금까지 몸에 침을 맞는 경우가 많지 않았다. 그러나 이번에는 그럴 만한 계기가 있어 제법 많은 침과 뜸, 연고처방을 받게 되었다. 그런 가운데 살펴보니 그간 지은 잘못이나 습관들이 아직까지 남아 있는 것도 보이고 어떤 이유에 의해서 병의 뿌리가 깊어져 있는 것들도 보였다. 이를 몇몇 사람의 도움과 하늘의 안배로 소멸시키는 작업을 했다. 조금은 묘하기도 하고 신비하기도 한 치료 행위 도중 나는 오랜 지병의 근본 원인을 알게 되었다.

신명은 그 원인이 '오랫동안 묵은 울분이 깊이 배어 그 기운이 뭉쳐져 하나의 생명력을 갖게 된 것'이라고 전해 주었는데, 치료 도중 석문한의원 원장인 희미 수자가 진료기록부에 적어 놓은 영감 어린 글을 보니 일맥상통했다. 그간 나도 모르게 쌓인 스트레스가 많았나 보다. 거의 다 소멸시켰다고 생각했는데, 깊이 배어 있어서 오히려 더 왕성한 생명력을 가졌던 것이다. 다른 때와 달리 제법 긴 시간을 치료했는데, 치료하는 내내 도계에서 포근하면서도 강력한 도광영력이 내려왔고 제법 많은 신명들께서 함께 치료를 도왔다. 많은 것이 부족한 나에게 이렇게 큰 은혜를 베풀어 주시니 뭐라 감사의 말씀을 드려야 할지 모르겠다.

다음 날 아침, 마지막 치료를 할 때 희미 수자가 "뜸을 세 번 더 떠야 하는데 어떻게 하시겠습니까?"라고 묻기에 "그냥 이 정도면 되지 않았을까요."라고 답하면서 하늘에 뜻을 올리니 "적당한 것이 좋다"고 하신다. 그러면서 한 줄기 빛이 내려왔다. 빛 속에는 세 개의 구슬이 들어 있었는데, 각 구슬은 밝은 빛을 발하면서 단전으로 하나씩 들어갔다. 하늘의 음성이 들리기를 "천지인의 권능을 부여하는 구슬이니라."고 했다. 그것이 무엇인지는 잘 모르겠으나, 어제 치료할 때는 몸에서 수많은 어두운 것들이 빠져나가는 게 보였는데 오늘은 몸이 포근하고 밝게 변하는 것이 느껴졌다. 소위 말하듯, 빛이 더 밝아진 것이다.

치료가 끝나고 희미 수자가 무언가 할 말이 있는 듯 보여서 말해 달라고 부탁하니 이런저런 말을 해 주었는데, 어제와 오늘의 치료는 아직도 내 몸에 남아 있는 습관이나 병의 근원을 없애는 치료였다는 것이다. 심기운용으로 사람들을 좌지우지하려는 습관이 상단전에 남아 있어서 그것을 구炎를 떠서 정리했다는 내용과 함께 몇 가지 이야기를 내게 전해 주었다.

희미 수자의 이야기를 듣고 생각해 보니, 지난 세월 속에서 내가 유난히 심기운용에 민감했고 이러저런 심기운용을 익히면서 심심찮게 사용했음이 뚜렷하게 인식되었다. 뿐만 아니라, 심기운용을 통해 은근히 사람들을 좌지우지하려 한 적도 있었다. 한당 선생님께서 "군주는 힘이 아니라 덕으로써 사람을 다스린다."고 말씀하신 적이 있었다. 당시에는 왜 뜬금없이 이런 말씀을 하시나 했는데, 지금 희미 수자의 말을 듣고 보니 이러한 나의 습관 때문이 아니었을까 싶다.

분명, 아직도 남아 있을 것이다. 그러나 이제는 깊이 인식하고 있으니 반드시 고쳐야겠다. 그 외 몇 가지도 사실은 나름의 변명거리가 있기는 하지만, 도통의 길에 도움이 된다면 과감하게 어두운 빛을 찬란한 빛으로 화化해야겠다. 이것이 바로 진실한 나의 길이 아니겠는가!

마지막으로 제법 긴 시간 치료를 해준 희미 수자에게, 치료를 옆에서 보좌해 준 분들에게 진심으로 감사를 드린다. 깊은 변화를 겪은 이번 계기를 통해서 도통의 길을 열어 볼 생각이다. 은혜를 내린 모든 신명들께 감사의 뜻을 표하며 이만 줄인다.

한기 14년 6월 26일 2002년 8월 4일

만물일여 1

어제 치료 받은 부위에 진물이 나기 시작해서 움직이기가 여간 불편한 게 아니다. 그러나 이 불편함이 오히려 새옹지마가 되어 수련에 몰입할 수 있었다. 3행공으로 간단하게 몸을 푼 다음, 운기수련으로 육신을 안정시키고 서서히 본수련에 들어갔다.

오늘도 몇 가지 대상과 합일을 했다. 4천도계의 만물일여를 시도해 본 지 얼마 되지 않았지만, 처음 얼마간의 공부는 그리 나쁘지 않았다. 그러나 하면 할수록 어려움이 닥쳐온다. 역시 우리 공부는 선先체험을 전부라고 판단해서는 안 된다. 이는 어느 단계이든 거의 공식이나 다름없지 않을까 싶다. 딸 현지가 가지고 노는 인형, 장난감 자동차, TV와 탁자 등 여러 가지와 합일을 시도했지만 그다지 만족스럽지 못했다. 물론 전혀 진전이 없었던 것은 아니지만, 역시 내가 기대한 만큼 만족스럽지는 않았다. 짧은 순간이었지만, TV와 합일 했을 때 TV가 된 듯한 느낌을 잠깐 받았다. 그런데 그 다음, 제대로 이어지지는 않았다.

참으로 산 너머 산이다. 태산 하나를 넘었다 싶으면 그 뒤에 이전보다 더 큰 태산이 떡하니 버티고 서 있고, 죽을힘을 다해서 그 산을 넘으면 얼마가지 않아 또 다른 태산이 버티고 있으니 말이다. 11년을 걸어 온 길이지만, 매번 새롭게 시작하는 길은 언제나 서툴고 힘들다. 이 힘겨운 길을 또 다시 걸어가야겠지. 이 길에는 또 몇 개의 산과 몇 개의 강과 몇 개의 늪이 있을지 알 수 없다. 하지만 언제나 그랬듯이 또 그렇게 걸어가야 하고, 또 그렇게 걸어갈 것이다.

한기 14년 6월 28일 2002년 8월 6일

5천도계 의술신명

몇 가지 지방 토산물이 있길래 챙겨들고 본원으로 상경했다. 지난 11년간 늘 야단만 맞은 듯하여 한당 선생님께 작은 정성이라도 보여서 좋은 인상을 드리고 싶기도 했고, 그 외에도 이런저런 생각이 들어 올라갔다.

상경하는데 남부지방에서는 맑던 하늘이 서울로 갈수록 점점 더 쌀쌀한 기운에 어두워지더니 마침내 장대 같은 비가 오기 시작했다. 다행히 본원에 도착하자 잠시 비가 그쳐서 하늘을 볼 수 있었다. 본원에서 반가운 사형제들과 인사를 나누고 함께 다향을 즐기면서 잠시 삼매에 빠져 보기도 했다. 한당 선생님께서 오늘 새벽에 조금 늦게 퇴근하셨다 하기에, '그래도 저녁이면 뵐 수 있겠구나' 하고 생각하니 왠지 모를 흥거움이 일어났다. 제자로서 스승님을 위한 마음이 있어야 했는데, 요즈음 이런 부분이 조금 부족하지 않았나 싶어서 조심과 조신에 대해 한번 깊이 생각해 보았다.

뜬금없는 생각의 고리를 맴돌다 시계를 쳐다보니 벌써 오후 4시가 되었다. 옛말에 '신선놀음에 도끼자루 썩는 줄 모른다'고 하더니 본원이 지상에 신선들이 거하는 곳이라 그런지 시간의 오고감이 순간의 찰나 속에 머무는 것 같았다. 무거워진 몸을 일으켜 3층에서 5층으로 올라가니 한당 선생님 집무실 앞에 신발이 여러 개 놓여 있었다. 들어가 보니 한당 선생님 가족과 몇몇 사제들이 있었다. 반가이 인사를 나누고 얼굴을 뵙자 한결 안도감이 밀려왔다. '많이 밝아지셨구나' 무거웠던 마음이 한결 가벼워지자 이번 상경이 더욱 흥이 났다. 조금 더 시간이 지나자 휴가를 갔던 인수 단사가 한당 선생님께 안부 인사차 집무실에 들렀고, 여러 가지 일상적인 이야기가 오고 갔다.

집무실에서 사모님, 송해 단사, 인수 단사, 산죽 교사, 운소 교사, 제혁 사범, 미영 수자, 거기에 나까지 같이 하여 한당 선생님을 모신 자리였다. 모인 사람들이 다같이 저녁을 먹은 것은 아니었지만, 한당 선생님을 모시고 집무실에서 오붓하게 저녁식사를 하니 모처럼 예전 삼성동 본원 시절이 생각났다. 밖에는 장대비가 요란하게 내렸지만, 나의 흥겨움은 깊어만 갔다. 몇 년 만에 느껴보는 흥겨움인지 가슴에 따스함이 밀려왔다.

저녁식사를 마칠 때쯤 의료실무진들이 한당 선생님 집무실에 모여 들었다. 조금 의아하여 정수 사범에게 그 연유를 물었더니 오늘이 그날이라고 한다. 바로 한당 선생님께서 내게 의술신명을 한번 붙여 주시기로 한 날이라는 것이다.

11년간 수련을 하면서 내 원신을 제외하고 다른 신명과 접신接神 | 신명과 합일을 해 보기는 처음이었다. 한당 선생님께서는 5천도계에서 가장 빛이 밝은 의술신명을 하나 붙여 줄 테니 의료실무진의 질문에 답변을 해 보라고 하셨다.

그런데 이럴 때, 지금까지도 내가 어쩌지 못한 습관 하나가 불쑥 드러난다. 그것은 바로 한당 선생님과 관련된 습관이다. 나는 한당 선생님 앞에만 서면 극도로 긴장하는 이상한 습관이 있다. 그래서 평소 내 실력의 절반도 못 드러내는 것이다. 이번에는 내 공부를 보여 드리고 싶었는데, 몸과 마음이 긴장되니 붙여 주신 의술신명과 합일이 잘 되지 않았다. 합일이 되었다 싶으면 의식이 깨어나고, 또 합일이 되었다 싶으면 의식이 깨어나 버렸다. 이 습관은 과연 넘어설 수 없는 것일까. 한당 선생님 앞에만 서면 내 모든 것이 투과되는 듯한 묘한 느낌에 지난 11년간을 너무 조심스럽게 살아오다 보니, 이제는 아예 몸에 배어 버린 것이다.

이를 뛰어넘어야 도통의 길이 조금이라도 보일 텐데, 이번에 확실하게 인식했으니 한 번 뛰어넘어 봐야겠다. 이러다 보니, 의료실무진들과의 대면은 아주 부자연스러웠다. 실무진들의 질문에 대해 의술신명께서 전하는 답변이 잘 들리지 않는가 하면, 의술신명께서 준 긴 답변에 내가 말을 잇지 못하기도 하면서 시간이 갈수록 몸에 진땀이 나기 시작했다. 마침내 한당 선생님께서 말씀을 하셨다. "네가 너무 주위를 의식하니 그렇지. 평소 수련하듯이 그렇게 하면 된다." 나도 그 말씀을 모르는 바 아니었다. 마음은 아는데, 몸이 따라주지 않으니 이것이 쉽지 않은 것이다. 그래서 나름의 방법을 모색해 보았다. 우선 의식을 한 30% 정도만 살려 놓고 반개半開를 한 상태에서 몰입하여 받아들이는 방법을 사용해 보니 조금 말이 더 부드럽게 이어졌다.

그렇게 해서 어느 정도 마무리를 했는데 한당 선생님께서 총평을 들어보시더니 자리를 옮겨 직접 질문을 할 테니 준비하라 하셨다. '그렇지 않아도 한당 선생님 앞에 서면 힘든데 직접 질문까지 하신다니 어떻게 해야 할까' 하고 걱정하다가 용기를 내서 시도를 해보았다. 의술신명께서 보였다. 합일을 하니, 이 분이 크게 부복을 하려 했다. 눈을 뜨고는 한당 선생님께 이상한 자세가 나오려 한다고 여쭈니, 어떤 자세가 나오더라도 막지 말고 신명이 하는 대로 흘러가라고 하셨다. 그래서 그대로 두니 의술신명께서 난데없이 크게 부복하면서 "신臣, 왔사옵나이다."라고 고告하지 않는가. 으음, 한당 선생님께서 도계에서 대단하시긴 대단하신가 보다. 의술신명께서 내려오자 바닥에 엎드려 큰 목소리로 고告하기부터 하니 말이다.

이렇게 한당 선생님과 대면을 한 의술신명께서는 한당 선생님께서 "바로 앉아라."라고 말씀하셨음에도 계속 고개를 들지 못하고 있었다. 그래서 내가 고개를 들어 버렸다. 그런데도 이 분은 고개를 계속 숙이는 것이 오히려 더 편하다고 생각하는 듯했다. 한당 선생님의 질문이 이어졌고, 어떤 대답을 했는지는 잘 기억이 나지 않는다. 하지만 한가지 확실한 것은, 한당 선생님께서는 의료실무진들과 다르게 신명들의 특성과 성향을 잘 아시고 그에 맞추어 질문을 던지신다는 게 느껴졌다. 점점 흐름이 자연스러워지면서, 나 또한 힘겨움이나 부담감이 조금씩 사라지기 시작했다. 조금은 편안한 가운데, 그러면서도 황송하다는 생각이 절로 일어나는 가운데 흥겹게 이어졌다.

질의응답이 모두 끝나고 신명께서 하늘로 올라가자, 한당 선생님께서는 몇 말씀 일러주셨다. 신명들께 질문을 던질 때의 요령이었는데 나 또한 공부한 바가 깊었다. 나는 의료실무진들에게 내일 한 번 더

해 보자고 다음을 기약했고, 한당 선생님께서는 자리를 옮겨 강서, 설동 도반 내외분과 담소를 나누셨다. 긴장이 풀려 그런지 몸이 가라앉으면서 엄청난 피로감이 밀려왔다. 몸도 처지고 배도 고프면서 비몽사몽 정신이 왔다 갔다 했는데, 나중에는 정수 사범이 해준 죽 한 그릇으로 양이 부족해서 한 그릇을 더 먹고는 가만히 방으로 들어갔다.

그리고는 이내 아침이 되었고, 지금 이렇게 어제의 일을 적고 있다.

어제의 접신 이후로 몸이 조금 바뀐 듯하다. 아무래도 빛이 조금 더 상승한 느낌이다. 만물들과 자주 합일을 하면서, 그 의술신명과도 자주 합일을 하는 것이 좋을 듯하다. 많이 노력할 테니 조금만 더 도와주십시오!

한기 14년 6월 29일 2002년 8월 7일

만물일여 2

한당 선생님의 안배와 배려로 5천도계의 의술신명과 합일을 두 번 정도 하고 나니 만물일여의 공부가 조금 더 나아졌다. 한당 선생님 집무실의 이런저런 사물과 하나가 되어 보았는데, 전날보다 훨씬 나아졌다. 안마의자와 합일해 보니 내가 마치 푸욱 파인 물체처럼 느껴졌는데, 기분이 나쁘지는 않았다.

여러 사물들과 합일을 하다 말고 5천도계 의술신명과 합일을 해 봐야겠다 싶어서 합일을 한 후 인체를 투시하는 효율적인 방법을 묻자 그 방법을 가르쳐주려고 하는데, 마침 한당 선생님께서 "청월, 수박 먹어라."라고 하셨다. 나도 모르게 벌떡 일어나서 "예." 하고는 아무 생각 없이 탁자에 앉아 조금은 의식이 덜 깬 상태로 수박을 주섬주섬 먹었다. 연緣이 안 되면 어쩔 수 없는 것 아닌가. 그래도 어느 정도 들었으니 한 번 연습해 보면 그렇게 되는지 확인할 수 있을 것이다. 만물일여라, 해 볼 만한 공부다.

공부를 주신 한당 선생님께 다시 한번 감사를 드린다.

한기 14년 6월 29일 2002년 8월 7일

합일 1

어제 약간 근심스러운 일이 있어서 의료실무진과의 약속을 제대로 지키지 못했다. 그래도 한당 선생님의 배려로 늦은 시간에 5천도계 의술신명과 합일을 하고 정수 사범, 희미 수자와 함께 다시 질문과 답변의 시간을 가질 수 있었다.

저녁 즈음 긴장감이 사라진 상태라 흘러가는 대로 해 보자는 마음으로 편안하게 시도해 봤더니, 어제보다 훨씬 좋아졌다.

그래도 아직은 많이 부족하다. 한당 선생님께서는 한 열다섯 번 정도 연습 삼아 하다 보면 조금 더 좋아질 거라 말씀하시면서 묻는 사람이 잘 물어야 제대로 된 정보를 얻을 수 있다고 하셨다. "아직 청월이 제대로 합일이 안 되어서 너희들이 공부를 열심히 해서 제대로 잘 물어봐야 한다."고 거듭 말씀을 하셨다. 중요하고 귀중한 체험들을 많이 했다. 아직 완전히 정리되지는 않았지만 이런저런 심득을 얻게 된 좋은 공부였다.

한기 14년 6월 29일 2002년 8월 7일

천도 薦度

아직 5천도계에 승천하지 않았지만 한 가지 걱정되는 부분이 있다. 어제 실무진들과 담소를 나누는데 진담 반 농담 반으로 "아마 청월 사형이 선천도통하면, 천도薦度[5]해 달라는 부탁이 들어오지 않을까요? 아무래도 선생님께 말씀드리기 어려우니 말입니다."라는 말이 나왔다.

내가 5천도계에 승천할 수 있을지 아직 모르겠다. 다만 최선을 다하고 있을 뿐이다. 그런데 만에 하나 천재일우의 기회로 내가 5천도계에 입천한다면, 천도에 대한 부탁만큼은 절대사절이다. 천도나 도호道號를 지어 주는 일은 쉽게 생각할 것이 아니다. 자칫 곁가지에 관심을 두다가 공부를 이루지 못할 수도 있는 것이다.

---

[5] 천도薦度는 5천도계에 승천하거나 도통을 한다고 해서 생기는 보편적인 능력은 아니다. 한당 선생님께서 『천서』에 쓰신 천도에 관한 내용은 한당 선생님과 본천체本天體로 오시는 한조님의 권능에 관한 표현이며, 천도와 관련된 소임을 가진 신神들이 일정 부분 가질 수 있는 권한·책임·의무에 대한 표현이다.

우리 공부가 얼마나 험난하고 어려우며 허허실실虛虛實實이 많은 공부인가. 자칫 한 순간 경계를 놓쳐 마음이 흐트러지면 지금까지 쌓아 놓은 공든 탑이 무너지고 만다. 그러니 혹시 만에 하나라도 이런 이야기가 언급되면 내가 절대사절이라 했다고 전해 주기를 부탁드린다. 진심이다.

한기 14년 6월 29일 2002년 8월 7일

5천도계 의술신명이 있는 곳

오후에 실무진 몇 분과 다담을 나누다가 문득 '5천도계의 의술신명을 육신으로 내려서 어느 실무진의 병증이 왜 생겼는지 알아봐야겠다'라는 생각이 일어났다.

그래서 들어보니 이런저런 이유를 알게 되었다. 들은 내용을 실무진에게 전하고 나니 다른 실무진이 묻는데 이번에는 조금 특이한 생각이 떠올랐다.

5천도계의 의술신명과 합일할 수 있으니, 그분께서 거居하는 곳으로 내가 갈 수 있지 않을까. 그럴 수 있다면 한번 가서 보면 좋겠다 싶어 물으니 가능하다고 한다. 그래서 "그럼 빛으로 인도를 해 주십시오."라고 부탁을 드리니 이내 빛이 내려왔다. 빛을 타니 행성으로 보이는 곳을 지나면서 어디론가 갔다. 약간 높은 언덕 같기도 하고 산봉우리 같기도 한 곳이었는데 꼭대기에 큰 해먹 비슷한 것이 떠 있었다. 주위에는 이름 모를 이상한 풀과 나무들이 있었다. 그곳에서 할아버지께서는 차를 준비하고 나를 기다리고 있었다. 인사를 하고 맞은편 자리에 앉으니 차를 한 잔 따라준다. 도계에서 먹는 차맛은 언제나 부드럽고 은은하여 참 좋다.

먼저, 의술신명께 찾아뵌 연유를 말하고는 알고자 하는 것을 이야기하니 답변을 제법 길게 해 주었다. 두 번째 차를 마시고 말씀을 다시 이어 하다가, 세 번째 차를 마실 때 무언가 하얀 것을 찻잔에 넣어주었다. 이것이 무엇이냐고 하니 이것을 먹으면 앞으로 일을 할 때 조금 나을 것이라고 했다. "내가 그대를 좋아하기는 하는데, 그대는 자만하지도 말고 또한 움츠러 있지도 말라."라는 말씀도 덧붙였다. 지상에서 사람들이 기다릴 것 같아 세 번째 차를 먹고는 급히 내려왔다. 한당 선생님께서 대단하시긴 대단하신가 보다. 아직 4천도계 공부를 하고 있는데 5천도계의 한 부분을 여행할 수 있는 것을 보면 말이다.

앞으로는 오늘처럼 자세한 이야기는 올리지 않을 생각이다. 시간이 지날수록 일상적인 일이 되어 읽는 분들도 무덤덤해지겠지만, 내 스스로도 아마 담담해질 것이기 때문이다.

한기 14년 7월 4일 2002년 8월 12일

현묘일합 玄妙一合

눈에 보이는 수많은 사물들.
삼매 속 천목天目에 비친 이들은
이미 사물이 아니다.

한 빛에 꿈틀거림이 일고,
한 뜻에 생명의 힘이 일어난다.

만물에 불佛이 있다한 석가의 가르침은
아마도 이를 말함이 아닐까!

살아있다 자부심을 가졌던 내가
죽어있다 푸대접했던, 모든 삼라의 만물이
영롱하게 그 빛으로 숨 쉬니 아니 놀랄쏜가!

그 빛들과 하나하나 일합一合을 이루니
그들의 심경이 살포시 깨어나 내게로 밀려온다.

삼라의 정령이란 바로 이들이 품은 태고의 빛이 아니런가.

한기 14년 7월 5일 2002년 8월 13일

합일 2

보고 드릴 일이 있어서 본원으로 상경했다. 상경한 김에 5천도계의 의술신명과 합일해서 의료실무진과 대면을 했다. 지난 번 대면과 합치면 총 네 번째 합일이었는데, 며칠 만에 모처럼 음성을 몸 밖으로 내려고 하니 이전보다 더 힘겨웠다.

이 날의 첫 번째 합일은 조금 만족스럽지 못했다. 이런저런 대화를 끝내고 나니 머리가 멍하고 사물이 여러 겹으로 보였다. 난시가 있기는 하지만, 안경을 썼는데도 그렇게 보였다.

조금 정신이 드니, 어느 분이 찾는다 하여 3층으로 내려가서 보고를 드렸다. 며칠 간 고뇌한 문제라서 그런지 보고를 하고 나니 마음은 한결 가벼워졌지만, 열이 자꾸 위로 치솟아 눈이 충혈되기 시작했다. 마침 희미 수자가 고맙게도 손과 발에 침을 놓아줬다. 침을 맞고 누워 있는데 하늘에서 황금색 빛이 내려오더니 나의 온몸을 감쌌다. 마치 황금색 가루를 뿌리는 듯했다. 그러자 내가 알 수 없는 어떤 것들이 몸 밖으로 빠져 나가면서 약간의 발성發聲이 일어나기도 했다.

침을 뽑고 나니 왠지 다시 5천도계의 의술신명과 합일을 해서 의료 실무진들과 대면해 보고 싶은 마음이 강하게 일어났다. 그래서 정수 사범에게 말해서 한 번 더 자리를 마련했는데, 이것이 그날의 두 번째 합일이었다. 첫 번째 합일과 마찬가지로 5층 여자 실무진 방에서 시도했는데 송해 단사, 진의 단사, 인수 단사, 천감 단사 뿐만 아니라 정수 사범, 희미 수자 등 의료실무진들이 배석을 했다.

이때는 앞서한 첫 번째 합일과 달리 중후한 기운이 몸 안팎을 감싸면서 좌정한 자세의 틀을 잡아 주었다. 그리고 음성이 아주 강하게 실리기 시작했다. 지금까지 한번도 이러한 합일을 겪어 본 적이 없기에 사실 많이 힘겨웠다. 신명과 합일을 하는 동안 나 자신이 내면에서 아주 크게 부풀었다가 다시 한점으로 작아지더니 종래는 그 흔적이 사라져 버리는 것이었다. 간혹 밖에서 음성이 들리기는 했지만 그 이상의 의식은 없었다. 이런저런 말씀을 하신 것 같다.

이렇게 두 번째 합일을 한 연후에 한당 선생님 집무실에서 한당 선생님 앞에서 마치 모습을 감추어 안 계신 듯했다 다시 세 번째 합일을 했다. 이때는 주로 한당 선생님께서 어떤 분이신지를 5천도계의 신명께 질문하는 자리였다. 내면에서 내가 느끼기로는 신명께서 황공한 경외감에 오들오들 떨고 계셨는데, 빨리 이 자리를 끝내고 싶은 심경을 토로하시는 듯했다.

그러자 자리에 함께 있던 분들이 여러 가지 의견을 교환했고, 한당 선생님께서는 11천도계에서 행정 업무를 다루는 신명을 내려오게 하셨다. 이것이 그날, 네 번째 합일이었다. 11천도계의 신명께서는 한당 선생님께서 영롱한 빛의 존재이시라며 주재주主宰主의 권능을 가지고 계신 분이라고 전하는 듯했다.

지금 기억나는 것은 이 정도 뿐이다. 다만 5천도계와 11천도계의 차이가 이리도 클까 하고 탄식과 감탄이 일어났던 것은 분명하다. 5천도계의 신명께서는 세 번 합일하고 11천도계의 신명께서는 한 번 합일했는데, 그 빛은 태양과 반딧불의 차이만큼이나 컸다.

한당 선생님께서는 소도회 도반 몇 분과 거산 경사, 송해 단사, 진의 단사, 천감 단사, 인수 단사 등 실무진들이 배석한 자리에서 제법 많은 말씀을 나누신 후, 새벽 4시쯤 퇴근을 하셨다.

나는 진의 단사, 인수 단사와 함께 제혁 사범의 따스한 녹차를 먹으면서 후일담을 나누었다. 새벽의 여명이 떠오르고 시계가 6시를 가르킬 때에서야 우리는 각자의 소재지로 떠났다.

차를 타고 오면서 서너 시간 잠이 들긴 했지만, 역시 5천도계 이상의 신명분들과 네 번 합일하면서 그분들의 빛을 받아서 그런지 정신이 너무나 맑았다. 피로감도 덜했을 뿐 아니라 내가 정말로 밤을 새웠나 하는 마음마저 들었다. 처음 5천도계 신명께서 왔을 때는 연속으로 두 번 합일을 하고 나서 몸에 제법 깊은 피로감이 밀려왔으나 이번에는 너무나 달랐다. 이제는 하늘이 크게 열려 있으며, 지상의 도인들이 더욱더 각성해서 깨어나야 하는 시기라는 생각이 들었다.

하늘의 안배로 도인들의 공부 진전이 날로 깊어진 만큼 후천의 역동성에 크게 한몫을 해야 하는 것이다. 다가오는 하늘의 시운에 대비해서 뜻을 모아 준비해야 하는 절체절명의 시기다.

다들 하나로 힘을 모아 크게 나아가야 한다!

날짜 미상

시험 1

어제였는지 정확히 기억이 나지 않는다. 다만, 그 여운만 남아 있을 뿐이다.

한 줄기 빛이 위에서 내려왔다. 그 빛 속에 아리따운 여신명께서 한 분 있었다. "누구십니까?"라는 나의 질문에 "5천도계에서 내려왔다."고 했다. "무엇 때문에 오셨습니까?"라는 질문에 "한 가지 선물을 주기 위해 왔다."고 하면서 꼭 마패 같은 것제법 컸는데, 좌우에 황금빛으로 된 알 수 없는 문양이 그려져 있었다. 양각된 그 문양이 무엇을 의미하는지는 모르겠다을 보여 주었다.

"이것은 부와 명예를 상징하는 것이다. 그대에게 이것을 주겠노라." 라고 말하는데 순간 조금 망설여졌지만 이내 이렇게 대답을 했다.

"도인이 부와 명예가 무슨 의미가 있겠습니까? 도道를 펼치는데 재원이 필요하기는 하지만, 아직 내게는 그리 많은 것이 필요하지 않습니다. 만약 이것을 꼭 주셔야 한다면, 나중에 도道를 통한 후에 받도록 하겠습니다."라고 말하니 기분이 상쾌했다.

'이것이 시험이라면 참으로 묘하게 하늘에서 시험을 하는 것이고, 이것이 시험이 아니라 해도 도인이 탐할 것이 아니다'라고 생각하니 마음이 한결 가벼워졌다. 내가 의연하게 답변을 드리니 여신명께서는 조용히 사라졌다.

도계 공부는 하면 할수록 더욱더 허허실실이 많음을 느낀다. 정신을 바로 세우고 중지를 크게 세워 항상 깨어있지 않으면 한순간에 정도正道를 벗어날 수도 있다. 통通함에 뜻을 둔 사람이라면 항상 각성하고 명심할 일이다.

한기 14년 7월 7일 2002년 8월 15일

원신 1

도반들과 기쁜 만남의 시간을 가지고 새벽 1시가 다 되어서 유운정[6]에 들어왔다. 접속된 회원을 확인해 보니 사일 단사와 인수 단사가 있기에 채팅방을 만들었는데, 곧바로 사일 단사가 들어왔다. 무척 반가웠다. 새벽의 정겨운 만남은 가히 천금과도 같았다. 이런저런 이야기를 나누었는데, 좋은 것도 부담스러운 것도 흉금 없이 털어놓았다. 긴 이야기 끝에 나는 '하늘 앞에 약속을 해서 내 약한 의지를 강하게 세우겠다'고 말하고는 눈을 감았다.

눈을 감고 보니 4천도계에는 원신이 없다 싶어 조금 당황스럽고 허전했다. 그래서 5천도계의 의술신명께 고할 것인가 생각했으나 왠지 이번에는 아니다 싶어 마음을 바꾸고, 혹시나 하는 생각에 5천도계의 내 원신을 찾았다. 그런데 정말 실현이 된 것일까, 아니, 아직 실현되었다고 확실하게 말하기는 어렵다. 갑자기 눈앞에 왕관을 쓴 신명께서 한 분 나타났는데, 예전에 보았던, 그 신비로운 신명 할아버

---

6) 유운정流雲停은 포털사이트 프리챌에 있었던 실무진 전용 커뮤니티다.

지와 비슷한 빛이었다. 그런데 마음 한켠에서 '4천도계 공부를 하고 있는데 5천도계의 원신이 보일 리 있나' 싶어서 지우려고 했다. 그런데도 계속 보이기에 혹시나 하는 마음에 합일을 시도했는데, 합일이 되는 것이 아닌가.

합일이 되어 그 할아버지의 빛 속에서 상천을 보며 사일 단사에 대한 이런저런 것들을 고했다. 그랬더니 "도인의 말은 천금과 같아 그 무엇으로도 바꿀 수 없다."라는 음성이 저 위 하늘에서 빛으로 내려오는 듯 했다. 그 음성과 함께 탁구공만 한 황금색 빛이 사일 단사에게 내려와 백회를 통해 하단전으로 들어가는 모습이 보였다.

이 분이 정말 5천도계의 나의 원신일까? 그렇다면, 4천도계 공부도 안 끝났는데 내가 5천도계의 원신이랑 합일했다는 말인가. 반드시 한당 선생님께 확인을 해 봐야 할 문제다. 과거의 경험으로 미루어 보면 단계가 바뀐 초기에는 선체험 공부가 있기는 했지만 과연 정말인지 사뭇 궁금하다. 사일 단사와 모처럼 정말 즐겁게 이야기를 나누고 나니 새벽 4시 24분이 지났는데도 별로 피곤하지가 않다.

오늘은 양신자 수련일이라 점검권자들이 모두 서울에 모인다고 한다. 나도 가고는 싶지만, 얼마 전 서울에 다녀온 상황이라 또 간다고 말하기가 미안하다. 가고 싶은 마음은 간절하지만 태성 엄마가 어떻게 생각할지, 그리고 서울에 모이는 실무진들이 어떻게 생각할지 사뭇 염려가 되기도 하다. 자고 일어나서 태성 엄마에게 물어보고 좋다고 하면 서울을 먼저 들렸다가 포항에 갈 수 있었으면 좋겠다.

모처럼 좋은 시간에 좋은 경험을 했다. 이 모든 것이 다 하늘의 안배이고 사형제간의 정이 아닐까 한다. 하늘 앞에 감사를 드리며, 한당 선생님께도 감사를 드린다. 제자에 대한 선생님의 사랑을 십분의 일이라도 채워드려야 할 텐데.

한기 14년 7월 12일 2002년 8월 20일

쇄신의 시간

4천도계 공부를 시작한 지 얼마 되지 않아 5천도계 원신을 겪었다고 생각하니 스스로도 황당하지만, 가슴속에 담고 곁가지를 만드는 것보다는 꾸지람을 듣더라도 한 번 여쭈어 보기로 했다.

아니나 다를까, 제법 크게 꾸지람을 들었다. 물론 한당 선생님의 음성은 평이했지만, 나로서는 한 5분 정도 옆 사람의 말이 하나도 들리지 않을 만큼 심각한 충격을 받았던 것이다. 결과를 훤히 알면서도 가슴에 짐을 남기기 싫어서 여쭈어 본 것인데, 그 여파가 너무나 생생하게 전달되어서 멍하고 울렁이는 마음을 한참동안 다스려야 했다. 한당 선생님께서는 "4천도계에 들어간 지 얼마나 되었다고 벌써 5천도계 원신 운운하느냐?" 하고 야단을 치셨다.

그래, 지극히 옳으신 말씀이다. 내 스스로도 아직 4천도계 공부가 무르익지 않았음을 잘 알고 있다. 5천도계에 승천할 시기가 아님을 누구보다도 잘 알고 있는 한 사람으로서, 또한 수도자의 한 사람으로서 부끄럽기 그지없다.

조금 옆길을 걸었던 마음을 다시 잘 갈무리해서 지금 하고 있는 공부에 충실할 것을 다짐해 본다. 아울러, 4천도계를 공부 중인데 5천도계의 의술신명을 몸으로 받아 그 빛을 체험해 보면서 형성되는 여러 가지 현상들 때문에 잠시 마음이 분란하고 정신이 산만했음을 스스로 인정하고, 앞으로는 의료실무진과 공부하라고 하신 원래 목적 외에는 5천도계의 의술신명을 육신에 청하지 않을 것을 스스로에게 약속했다.

공부는 그에 맞는 마음과 정신으로 임해야 한다. 그래서 4천도계 공부에 지극한 정성으로 몰입할 생각이다. 오늘도 지렁이와 짧은 대화를 나누면서 내리쬐는 햇볕으로 나아가려는 지렁이를 풀과 흙이 있는 그늘로 어느 정도 움직이게 하는데 성공했다. 그런데 한두 시간 지나서 보니 아쉽게도 지렁이는 수많은 개미의 먹이가 되어 있었다. 이 또한 엄연한 자연의 흐름이고 이치라 뭐라 말하기 어렵지만, 안타까움이 가슴에 스며들었다.

한기 14년 7월 13일 2002년 8월 21일

시험 2

어제, 그러니까 오늘 새벽이다. 사일 단사, 인수 단사와 함께 이런저런 일로 채팅을 하다가 새벽 3시쯤 밖으로 나왔다.

채팅을 하면서 왠지 북선법과 원하법을 하고 자야겠다는 마음이 일어났다. 아침 일찍 서울 본원에 올라가야 해서 다소 마음의 부담이 있었지만, 일단 노트북 컴퓨터에 저장된 물소리를 틀었다.

행공 1번에서 4번까지는 어느 단사의 2천도계 원신과 짧은 대화를 나누고, 행공 5번으로 넘어가면서는 갑자기 눈앞에 밝은 빛이 내려오면서 아리따운 여신명처럼 보이는 분이 나타났다. 그분은 동양적인 미를 갖추었는데 긴 머리를 곱게 정돈하고 투명한 원피스 같은 옷을 입고 있어 신기해 보였다. 왠지 범접하기 어려운 위엄이 몸에 어려 있긴 했으나, 지금까지 도계에서 보지 못한 의상과 머리 모양인지라 한편으로는 미심쩍기도 했다.

"누구십니까?" 내가 묻자, 자신은 11천도계에서 내려왔다면서 마음을 미혹시킬 만한 이런저런 말을 했다. 순간적으로 이것이 시험이거나 어떤 심마가 아닐까 하는 생각이 들어 정공법으로 물리쳤다. 정공법이란 바로 제자로서의 신의, 인간의 도리, 세상의 일반적인 이치에 입각하여 표현하는 것을 말한다.

그렇게 마음에 중지를 세워, "나는 이미 믿음과 중지가 금강석보다도 더 단단하니 더 이상 나를 시험하지 마십시오."라고 강하면서도 단호하게 이야기하니 그분은 갑자기 사라졌다.

그 존재가 사라지자 이번에는 갑자기 장비처럼 생긴, 제법 풍채가 있어 보이는 존재가 나타나서는 협박하고 강요하듯 내게 뭔가를 주문했다. 그 순간, 행공을 하고 있던 내 뒤에서 싸늘하고 날카로우면서도 공격적인 어떤 기운이 나를 덮치듯이 엄습했다. 내가 있는 우리 집 거실이 한순간 까만 공간처럼 느껴지면서 마치 영화에 나오는 악마의 집처럼, 살아 있는 존재처럼 울렁이기 시작했다.

'내가 한당 선생님의 제자이고, 4천도계를 공부하는 사람인데, 이러한 것에 두려움을 느껴서 수련을 중단한다면 말이 되겠는가!' 하고는 한 마음으로 뜻을 공고히 하고 중지를 세워 도광영력을 받았다. 그러자 갑자기 몸에 밝은 광채가 나면서 주위의 어둠이 서서히 물러나기 시작하더니 장비처럼 생긴 존재도, 그 요사한 기운도 이내 모두 사라졌다. 모든 것이 끝난 듯한 찰나에 약간 오른편 뒤 쪽에서 다소 위엄 있어 보이고 무언가 깊은 아름다움을 가진 여인이 살포시 미소를 지으며 나타나서는 나를 유혹하는 것이 아닌가. 정말로 참기 어려운 유혹이었지만, 순간 석가께서 보리수나무 밑에서 색마를 물리친 일이 생각났다.

'석가께서도 했는데, 나라고 못할 이유가 있겠는가!' 마음을 바로잡고 정신을 가다듬어 도광영력을 받았다. '나는 이대로 있을 테니 하고 싶은 대로 해 보라' 하는 마음으로 정신을 맑게 유지하고 있으니, 이 여인이 유혹을 멈추고는 어디론가 사라졌다. 일순간 너무나 기분이 좋았다. 예전에 2천도계 공부를 하면서 이러한 유혹을 받았을 때는 넘기지 못하고 결국 중간에 눈을 떠서 수련을 끝내고 말았는데, 이제는 정신이 더 밝아지고 맑아져서 이 정도는 유지할 수 있게 된 것이다.

순간적으로 밀려오는 충만감과 고요함에 젖어서 다음 행공인 원하법으로 넘어갔다. 원하법 1번과 2번 행공을 하면서 뜬금없이 '어쩌면 나의 근본원신과 교감할 수도 있을 것 같다'라는 생각이 일어나기에 한번 찾아 보았다. 그런데 형상은 보이지 않고 음성만 들렸다.

음성으로 여러 가지 말씀을 하셨지만, 여기서 세세하게 논할 것은 아니기에 더는 언급하지 않겠다. 그 음성의 주인이 내 근본원신인지, 아니면 또 다른 신명인지는 알 수 없지만 너무도 부드럽고 다정하여 잠이 안 올 정도였다.

원하법 3번 동작을 하다가 갑자기 놀라서 일어나 보니 물소리는 멈춰 있었고, 시곗바늘은 새벽 5시가 조금 지나 있었다. 원하법이 끝난 것 같았는데 아무리 돌아봐도 행공을 다한 기억이 나지 않았다. 가만히 있다가 정신을 차리고는 잠시 짧은 잠을 자고 일어나서 상경했다.

이번에 만난 일련의 일은 아마도 시험이지 않았나 싶다. 그래도 나는 그 시험을 넘었다. 그런 내가 너무나 대견하고 자랑스럽다.

다시금 찾아오는 평온함에 용맹정진을 다짐해 본다.

한기 14년 7월 19일 2002년 8월 27일

반성 1

한당 선생님께서 4천도계 공부를 시작한 지 얼마 되지 않은 나에게 5천도계 의술신명을 불러주신 연유는, 스스로 공부도 하고 의료실무진들과 함께 의술에 대한 이야기를 나누어서 의술의 새로운 이치를 찾아내고 의료실무진들에게 도움을 주라는 뜻이었다. 그런데 그날 이후로 나의 공부가 조금씩 한쪽으로 치우치게 되었다. 사람이란 역시 좋은 것, 높은 것, 귀한 것에 마음을 빼앗기는 것이 인지상정인가 보다. 이 공부를 11년이나 했음에도, 스스로 조금씩 4천도계 공부보다 5천도계 공부에 더 많은 관심이 갔다.

5천도계 의술신명을 자주 내 육신에 청하여 이런저런 이야기도 나누고, 또 어떨 때는 그분의 도움을 받아 그분이 계신 5천도계에 유람을 가기도 했다. 이러니 자연스레 4천도계 공부는 차츰 마음이 멀어지면서 깊이 몰입하지 못하고 수박겉핥기식 공부를 하게 되었다. 한당 선생님께서는 "네가 4천도계 공부를 열심히 해야 5천도계 신명과 합일도가 높아진다."라고 진중한 말씀으로 충고하셨다. 이는 내가 잠시 마음을 빼앗겨서 4천도계 공부를 등한시하고 있다는 말씀이 아니겠는가!

나는 항상 공부하는 분들에게 복습도 중요하지만 가장 중요한 것은 현 단계의 본수련이니 잊지 말고 꾸준히 하라고 이야기해 왔다. 그런데 내가 잠시 이 중요한 이치를 망각했던 것 같다. 오늘부터라도 정신을 올곧게 세워서 새로운 마음으로 공부를 해야겠다. 5천도계의 의술신명께는 관련된 일을 할 때 청하고, 나머지 수련 시간은 4천도계 공부와 복습을 하는 방식으로 가닥을 잡았다. 잠시나마 곁눈질 했던 것을 반성한다.

새롭게 시작하자.

한기 14년 7월 27일 2002년 9월 4일

정령 精靈

한당 선생님께 4천도계 공부를 명命 받은 지 얼마의 시간이 지났을까. 요즈음 하루하루는 무척 빠른데 한 달은 너무나 느리게 지나간다. 아마도 기다림이 있다 보니 마음이 스스로 조급해지나 보다.

나의 기다림은 다름이 아니라, 바로 도계 입천자들이 많아지는 것이다. 그들이 지상에, 이 도문에 많이 나올 때에 비로소 도道의 문화가 제대로 정착될 수 있는 기틀이 잡히리라 생각한다. 이 중요하고도 장대한 계기를 참으로 학수고대하며 기다리고 있는 것이다. 그러나 역시 기다림이 크면 마음이 바빠지는 법이다. 조급해지는 내 마음을 수련을 통해 조금은 가라앉혀야겠다.

최근 4천도계 공부를 하면서 드는 의구심이 하나 있다. 간혹 어떤 무생물과 합일을 하다 보면 어떤 형상들이 눈에 보이는 경우가 있다. 처음에는 갑자기 왜 이런 형상이 보이지 하는 마음에 지워버리곤 했는데, 자꾸 비슷한 체험을 반복하다 보니 이것이 무엇인지 의구심이 드는 것이다. 과연 무엇일까. 그 형상들이 어떨 때는 사람 형상처럼 보인다. 말로만 듣던 바로 그 정령精靈일까. 어제는 한당 선생님께 여쭐 만한 분위기가 되지 않아 여쭈지를 못했다. 오늘은 분위기가 되면 한번 여쭈어 보려고 한다.

요즈음 스스로도 공부가 조금 깊어진 듯하다. 만물일여를 하면서 조금씩 각 존재의 가치와 형태, 감정이 제대로 느껴진다. 대화도 조금씩 된다. 이 흐름으로 계속 나아가다 보면 머지않아 4천도계에 충분히 젖어들리라 생각한다.

흘러가는 세월을 낚기 위해서라도 내 수련에 집중해야 함을 알기에 조금 더 깊이 몰입해 볼 생각이다. 여러 실무진들도 자신의 공부에 한층 더 박차를 가해 주기를 바란다. 그것이 곧 도성구우의 시작이자 중요한 기틀이 될 테니.

한기 14년 8월 1일 2002년 9월 7일

왕관 1

연緣이 되어 사제들에게 수련을 시키고 있는데 하늘에서 밝은 빛이 내려왔다. 예사롭지 않은 이 상서로운 빛들. 쏟아져 내려오는 도광 영력 속에 한 음성이 들리면서 내 머리 위로 왕관 하나가 내려앉는다. 그런데 문득, 가슴 한 구석에 공허함이 감돈다. 아직 4천도계 공부를 만족스럽게 하지도 못했는데, 무슨 일인가.

'하늘에서 왕관이 내려와 내 마음을 훔치려 하나, 나는 아직 4천도계 공부에 깊이를 가지지 못했으니 어이 이것에 매료될까! 오색찬란한 빛이 나를 감싸도 나는 내 갈 길을 갈 뿐이다' 이렇게 마음먹고 하늘에서 내려오는 빛을 받으면서, 한편으로는 만물과 하나로 합일해서 깊은 대화 속에 빠져드니 과연 이것이 곧 선경이로다.

'이 고요하고도 충만한 여여함을 지상 사람들과 함께 할 수만 있다면, 하루에 한 품과 한 고뇌 속에 빠진다 한들 마다하지 않으리.'

문득 일어나는 마음의 갈증이 발원으로 이어졌다.

"하늘이여!

당신의 뜻에 따라 행하여지는 모든 것에 한 치의 어긋남이 없음을 압니다. 당신의 섭리 속에서 지상의 운행이 이어짐도 압니다.

하늘이여!

오직 당신의 뜻에 따라서 그 좁은 문을 열어 이 지상에 도道의 문화가 정착할 수 있는 기틀을 만들게 하소서.

하늘이여!

부디 바라옵건대, 당신의 뜻에 따라서 도계에 승천하여 각자 자신의 자리에서 자신의 소임에 임하여 이 지상을 하늘의 뜻으로 풍요롭게 할 많은 도인을 배출케 하소서."

진정 구도의 길을 통해 도성구우하고자 한다면 일념정진, 용맹정진해야 하리라.

한기 14년 8월 1일 2002년 9월 7일

믿음

새벽 2시쯤 퇴근해서 보니 아이들 때문인지 제법 집안이 어지럽혀져 있다. 잠시 집안 청소를 조금 하고 거실에 잠자리를 마련한 후 수련을 시작했다.

그런데 어찌된 영문인지 갑자기 무형의 공간에서 연기 같은 것이 일어나더니 뱀으로 바뀌면서 나를 공격하듯 천돌天突 속으로 들어왔다. 눈 깜짝할 사이에 벌어진 일이라 사뭇 당혹스러웠다.

게다가 그것으로 끝난 것이 아니다. 점점 더 많은 연기가 일어나더니, 마침내 내 주위로 헤아릴 수도 없이 많은 뱀들이 다가오면서 나를 위협하는 것 아닌가. 어떤 뱀들은 입을 쫙 벌리고, 어떤 뱀들은 혀를 내밀면서, 내 온몸을 휘감으며 타고 올랐다.

과거 전신주천 때부터 이러한 뱀과의 싸움이 있었다. 2천도계에 승천하고 거의 없어졌다 생각했는데 또 다시 생기다니, 처음에는 어떻게 할지 몰라 당황스럽기도 하고 두려움과 공포, 혐오스러운 감정이 불쑥 솟구쳐오르기도 했다. 그러나 전과 달리 마음 한 편이 다소 차분해지기에, 마음을 새롭게 하고는 주변을 의식하지 않고 몸으로 타고 올라오는 느낌을 무심하게 두고 도광영력을 받으며 내 자신을 믿기 시작했다.

'나는 이미 4천도계에 승천하여 4천도계의 위엄과 권능이 있는 사람이다. 자신과 스승님과 도법과 하늘에 대한 믿음이 있고, 내 자신의 존재를 믿으며 그 가치를 충분히 인식하고 스스로 중지를 세우고 있으니, 무엇이 나를 가로막고 위협하며 두려움에 떨게 할 것인가! 삿된 기운들이여, 너희들이 하고자 하는 대로 하라. 나는 다만, 홀로 삼매에 들어 고요에 젖어들겠노라.'

이렇게 말하고 눈을 감으니, 수많은 뱀들이 내 몸을 감싸고 내 육장육부와 전신의 피부를 뚫고 들락거리면서 온 육신을 휘저었다. 그래도 상관하지 않고 점점 더 깊은 삼매에 젖어들어가니 순간 그렇게 많던 뱀들이, 그렇게도 많이 휘저어대던 움직임들이 사라지기 시작했다. 언제 그런 일이 있었나 싶을 정도로 모든 현상이 사라지고 평온이 밀려왔다. 참된 고요란 아마도 이러한 것이리라. 그 고요함 속에 찾아오는 충만함과 여유로움. 수련을 마칠 때는 가을이 스며들듯 마음에 온화함이 감돌았다. 큰 태풍이 지나간 다음의 청명한 천지 풍상風尙처럼 내 마음과 육신도 그러했다.

조용히 찾아오는 시원始原의 향을 즐긴다.

한기 14년 8월 3일 2002년 9월 9일

만물일여 3

역동하는 지상의 형국 속에 도문의 급변하는 흐름이 형성되어, 여러 가지 일에 마음이 쫓기고 쉼 없이 운신하다 보니 깊이 있게 수련을 하지 못하고 있다. 매일 아침 3행공으로 하루를 시작하기는 하지만, 하루를 마감하는 시간이면 전과 달리 잠시 수련하는 흉내만 낼 뿐, 깊은 삼매에 빠져들지 못하고 이내 잠들어 버린다.

4천도계의 공부가 조금 더 깊어졌다는 것은 느낀다. 그러나 아직 '이것이다'라고 말 할 정도의 경지는 아니다. 물론 4천도계 공부를 하면서 그간 도외시했던, 사람 아닌 다른 존재에 대한 생각이 남달라진 것은 있다. 하지만, 이것으로 어찌 4천도계의 정수를 맛보았다고 말 할 수 있겠는가.

오늘 아침에도 집에 있는 부레옥잠과 합일을 했는데, 그간의 합일과는 사뭇 달랐다. 좀 더 세밀하게 합일되어 내 자신이 부레옥잠의 일부분으로 녹아들어가는 것을 느꼈던 것이다. 그런데 합일하는 순간에 자꾸 어떤 형상이 눈에 들어온다. 내가 그런 생각을 해서 그런 현상이 일어나는지 모르겠지만 역시나 한당 선생님을 통해서 확인하는 수밖에 없다. 참으로 수련을 하면 할수록, 공부가 깊어지면 깊어질수록 한당 선생님의 가르침이 귀중함을 절로 느낀다.

다시 한번 한당 선생님께 삼배로써 감사를 드리고 싶다.

|추신| 수련을 하다가 문득, '보는 수련'을 하는 양신자들에게는 고성법, 진은법 11번[7], 도각법 6번, 진은법 11번, 고성법 순으로 행공을 해 보면 좋지 않을까 하는 생각이 들었다. 수련하는 분들은 경험 삼아 한번 스스로 공부를 통해 확인해 보기 바란다.

---

7) 진은법은 8번 동작이 추가되었다. 그래서 당시 진은법 11번은 현재 진은법 12번을 말한다.

한기 14년 8월 5일 2002년 9월 11일

성찰과 절차탁마

스스로 공부를 통해 어둠을 몰아내지 않으면 과연 누가 대신 해 줄 것인가. 항상 이와 같은 생각으로 내 자신을 돌아보고 반성하며 끊임없이 닦아서 찬란하게 빛나는 빛이 되고자 했다. 그러나 최근 들어 여러 가지 생각이 계속 하나로 귀결된다. 바로, 나의 말투나 말하는 성향이 이따금 4천도계 공부를 하는 도인답지 않다는 점이다.

어릴 때부터 경상도 바닷가에서 자란 성장배경 탓인지, 나는 말씨가 투박하고 억양이 아주 높다. 이것이 평소에는 잘 드러나지 않지만, 마음이 급하거나 화가 날 때면 여지없이 드러난다.

사용하는 용어도 습관처럼 나오는 비속어가 있다. 게다가 사뭇 진중하지 못하여 가볍게 격앙되기도 한다. 이것을 진심으로 반성하며 스스로를 성찰해서 절차탁마하고자 한다. 공부가 깊어져 4천도계에 승천했으면 말이나 말투, 말하는 뜻에도 도인의 풍모가 묻어나야 할 텐데, 가끔 나는 마치 저잣거리의 속인처럼 말하면서 감정을 격하게 하지 않았나 싶다.

스스로 진중함을 가지고 부드럽고 평온한 말투로 여러 사람들의 마음을 넉넉하게 하였으면 하는 간절한 바람으로 이렇게 말해본다. 이번에는 정말로 지난날의 불필요한 습관들을 정리해야겠다. 수없이 닦고 닦아 낸다면 언젠가는 이런 습관이 사라져 있음을 보게 되리라 확신하면서 다시금 삼매에 젖어든다.

한기 14년 8월 6일 2002년 9월 12일

대화

공부를 하면서 정도正道를 걸어 온 보람이 있다. 편법으로 빠른 진전을 보는 것보다는 어렵고 힘들며 다소 지루하더라도 정도를 걷는 것이 참된 길이라 생각한다. 그렇게 묵묵하게 걸어온 결과는 반드시 찾아온다.

오늘도 4천도계 공부의 일환으로 그냥 묵묵히 합일만 했다. 항상 그랬듯이 먼저 합일을 하고, 해당 사물이나 생명체에 대해서 이것저것 알아보고 내 나름의 판단을 했다. 그러다 오늘 저녁 채팅을 하면서 그간 나도 모르게 제법 공부가 깊어진 사실을 알게 되었다. 6신통도 조금 더 깊어지고 삼라만상과도 이제는 느끼는 수준이 아니라 기초적인 대화를 하는 수준까지는 된다.

유치원생처럼 조금 어눌하기는 해도 사물의 이야기 소리가 들린다. 나만의 일방적인 느낌이나 질문이 아니라 상대의 깊은 소리가 들리기 시작하는 것이다.

그러나 완전한 자신감이 생겼다고 하기에는 아직 조금 부족한 부분이 있다. 이 부분이 충만해지면 4천도계의 공부가 끝이 나리라 생각한다. 5천도계 의술신명께서도 내 빛이 밝아졌다고 칭찬하고, 여러 모로 기분이 좋다. 오늘은 기분도 좋고 하니, 잠시 풍류나 즐길 겸 구름을 타고 도계유람이나 한번 가 볼까.

한기 14년 8월 7일 2002년 9월 13일

해원상생 1

이번 15일 늦은 밤 10시쯤에 도문의 온라인 선도대학에서 학생들을 대상으로 생방송 토크쇼를 한다고 한다. 그런데 토크쇼의 주인공으로 내가 초청되었다고 한다. 인터넷 생방송은 이번이 두 번째지만, 토크쇼는 이번이 처음이다. 먼저, 다양한 체험을 하게 해 주는 관계자 분들에게 감사하다.

그런데, 담당자가 당일 진행 장소가 본원 5층 한당 선생님 집무실이라고 귀뜸을 해 준다. 그리고 한당 선생님과 나의 관계에 대한 여러 질문이 있을 거라고 한다.

한당 선생님과의 관계라니, 이런 말을 할 정도로 벌써 시간이 흘렀을까. 돌이켜 보니 11년이란 세월이 지났다. 그간 제법 많은 일이 있었는데, 특별하게 기억나는 일은 없다. 다만, 조금의 서운함은 남아 있다. 왜 그렇게 지금껏 내게 야단만 치셨을까 하는 마음 때문이다. 생방송 당일은 그냥 흘러가는 대로 진솔하게 이야기할 생각이다. 한당 선생님 집무실에서 선생님께서 지켜보신다고 해서 마음에 없는 말을 하고 싶지는 않기 때문이다.

해원상생!

내가 아직까지 한당 선생님께 풀어 내지 못하고 서운함으로 간직하고 있는 마음이 있다면, 어떤 식으로든 풀어 내는 것이 맞을 듯하다. 11년을 모시면서 단 한 번도 한당 선생님을 '사부님'이라 생각하지 않았던 적은 없었다. 하지만 서운함이 깊었던 적은 조금 있는데, 이런 마음을 지닌 채 더 높은 도계로 승천한다는 것은 어불성설일 것이다.

그간의 경험으로 보면, 이 서운함도 내가 미처 알지 못한 사실 때문일 수도 있기 때문에 더 이상 가슴에 간직하면서 나의 빛을 어둡게 하고 싶지도 않고, 주변을 불편하게 하고 싶지도 않다. 바로 이번 기회야말로 하늘이 나에게 준 환골탈태의 계기가 아닐까 싶다. 조금 지나면 천고마비天高馬肥라고 하는 결실의 계절, 가을이다. 이 가을에 나도 지난 세월의 흔적을 말끔히 정리하고 청소해서 추수를 해야겠다.

이렇게 기회를 주신 한당 선생님과 천지간의 모든 신명들께 삼배로써 감사를 표하는 바다.

한기 14년 8월 7일 2002년 9월 13일

심득 1

아침 채팅방에서 선도대학 생방송 토크쇼에 관한 이야기를 나눈 이후로 마음이 왠지 차분해지고 조금 더 깊어지는 여유를 느꼈다. 볼일이 있어서 은행에 다녀온 후, 하동 스님들이 머무는 '화운정사 華雲亭舍'에 갔다. 스님들이 한당 선생님께 드릴 과일과 몇 가지 반찬을 준비해 주기로 해서 내일 상경할 때 챙겨갈 겸, 도장과 집에서 마실 물도 떠올 겸 해서 들린 것이다. 스님들의 정성에 사뭇 고개가 숙여지고 감사함과 미안한 마음 금할 길 없었다. 이 모든 것이 도법을 내려주시고 가르쳐 주신 한당 선생님께 보은의 뜻으로 행하는 것이라 두말없이 받아서 정성껏 전해 드릴 생각이다.

스님들과 다과를 나누며 이런저런 이야기를 나누다 보니, 시간이 성큼 지나 벌써 밖이 어두워졌다. 저녁 공양 먹고 가라고 한사코 붙잡는 바람에 어쩔 수 없이 공양 준비를 하는 동안 방에서 잠시 쉴 겸 자리에 누웠다.

순간, 눈앞이 밝아지고 청명한 빛이 내려오면서 한 음성이 들렸다.

"선물을 줄 테니 좌정해서 앉아라." 그래서 말로는 "예." 했지만, 실제로 좌정하지는 않았다. 그냥 조금 더 누워 있고 싶었기 때문이다. 그런데 빛이 점차 밝아지면서 왠지 모르게 일어나 앉아야 될 것 같은 마음이 들어서 조심스럽게 일어나 옷을 바르게 다시 고쳐 입고는 조용히 방석 위에 좌정을 했다.

자세를 가다듬고 눈을 감자, 처음에는 하늘에서 황금빛이 쏟아져 내려오는 듯하더니 더욱 밝고 찬란한 빛으로 바뀌면서 내 온몸을 감쌌다. 마음이 차분해지면서 무언가 어둠이 밀려나가는 듯하더니 다시 고요함이 찾아온다. 고요함 속에서 충만한 무언가가 내면 깊은 곳에서 올라오면서 한 생각이 일어났다.

'양신과 합일해서 이 빛을 내면에서 받아보면 어떨까.' 이러한 마음이 일어나자마자 양신을 찾아 합일해서 하늘에서 내려오는 빛을 온몸으로 받기 시작했다. 조금 있으니 밖으로 나가보고 싶어 천천히 출신한 후 머리 위에서 조금씩 양신을 크게 부풀리기 시작했다. 왠지 그렇게 해야겠다는 생각이 크게 일어났기 때문이다.

양신이 조금씩 조금씩 커지면서, '화운정사'의 풍경이 보이고 관동마을 전체가 보이고 산천이 보이더니, 어느새 둥근 지구의 모습이 보이다가 종래에는 초롱초롱한 별들이 보였다. 이렇게 자꾸 커지다간 언젠가 터질 것 같은 불안감이 들기도 했지만, 한편으로는 알 수 없는 편안함과 고요함이 있었다. 마치 온 우주를 덮을 듯 커질대로 커진 양신은 갑자기 주변과 합일해서 녹아드는 듯하다가 사라져 버렸다.

분명 내 의식은 살아있는데, 방금 전까지 보았던 빛과 별은 온데간데 없이 사라지고 오직 검은 공간의 느낌만 남았다. 순간, 아득한 생각이 들었다. 이것이 혹시 태초의 '혼돈 이전의 상태'가 아닐까. 그러자 밀려오는 정적감에 휩싸이기 시작했다.

얼마의 시간이 지났을까! 검고 고요한 정적 속에서 기다리니 저 먼 곳에서 한 줄기 밝은 빛이 보였다. 밝고 찬란한 빛은 점점 원형으로 커지더니, 그 속에서 나의 양신이 보였다.

순간, '우주 삼라만상은 곧 나[我]구나, 내가 곧 우주 삼라만상이었구나' 하는 심득이 일어났다. 석가께서 설說한 '천상천하유아독존天上天下唯我獨尊'이란 말은 진실로 이런 뜻이 아니었을까 싶었다.

내 속에 나를 포함한 삼라 그 자체가 숨 쉬고 있고, 삼라만상이 곧 내 안으로 귀결되니, 내가 곧 우주 삼라만상인 것이다. 그러니 어찌 내게 있어 내 존재성과 존재가치가 천상천하에 유일하게 존귀하지 않을 수 있겠는가! 결국 개개의 빛이 모두 창조주의 한 부분이라 존귀한 것은 곧 이 우주 자체의 존귀함과 일맥상통한 것이라 아니 말할 수 없다.

'우주 삼라만상의 모체는 바로 나와 같은 개개의 빛이 모인 것이며, 그 빛들의 존귀함이 진실로 이 우주를 덮을 만큼 밝게 비칠 때에 참된 만물일여의 세계가 이루어지리라.'

찰나의 심득이 스치자, 이내 우주 공간에 떠 있던 양신이 한 순간에 육신으로 내려오고 아득한 곳에서부터 고요함과 충만함이 밀려왔다. "됐다, 이제 그만하자." 하는 음성과 함께 환하게 웃는 듯한 느낌이 들었는데, 그 존재가 누구인지는 알 수 없었다.

언제 무슨 일이 있었냐는 듯이 평상심이 찾아와 눈을 뜨고는 차려진 저녁 공양을 넉넉하게 먹기 시작했다. "오늘 한 꺼풀 더 벗겨지는 것 같군요." 하고 웃으니, 스님들은 공양을 들다 말고 영문을 모른 채 나를 쳐다만 보았다. "어쩌면 9월이 다 가기 전에 좋은 소식이 있을지도 모르겠습니다." 살짝 미소지으며 말하고는 조용히 공양을 먹었다.

어둠 속에 살포시 밀려오는 이 여여한 바람은 어디에서 왔을까!

한기 14년 8월 11일 2002년 9월 17일

합일 3

어제는 한당 선생님 집무실에서 5천도계 의술신명과 대화를 나누게 되었다. 몇몇 단사들과 의료실무진들이 배석을 했는데, 의술신명께서는 아주 흡족하여 연거푸 칭찬을 아끼지 않았다. 내 개인적으로도 어제의 합일은 사뭇 느낌이 달랐다. 빛이 한 차원 더 승화된 느낌도 들었고, 의술신명께서 전과는 달리 격의 없이 대해 주었다. 대담을 마치고 나서도 몸이 처지지 않았고 오히려 정신이 더욱 맑아졌다. 가벼운 새벽참을 먹고 나서 사일 단사, 인수 단사, 중향 교사, 설록 사범, 설향 수자와 함께 새벽 다섯 시까지 의술신명과 대화를 나누고 석문한의원의 발전 방향에 대해서 깊은 이야기를 나누었는데, 이후에도 큰 피로감을 느끼지 못했다. 무언가 내가 알지 못하는 변화가 일어나는 것 같다.

이제는 더욱더 4천도계 공부를 열심히 해서 마무리를 잘 짓는 것만 남았다. 또한 이 마무리 과정을 통해서 그간의 모든 서운함과 가슴 속 흔적들을 일소해야겠다. 성숙한 자세로 3무三無정신[8] 을 바탕으로 한당 선생님을 보필해 드려야겠다. 축구쇼를 할 때 잠시였지만 선생님께 서운함을 가졌던 것에 대해 깊이 반성하고 성찰한다. 이러한 성찰을 통해서 더욱더 원숙한 도인으로 성장하고 싶다.

다시 한 번 더, 부족함이 깊고 어리석음이 사해를 덮었던 이 제자의 옹졸함에도 끊임없는 사랑을 베풀어 주신 한당 선생님과 천지간의 모든 신명들께, 그리고 사형제분들에게 깊이 머리 숙여 감사의 말씀을 드린다.

이제 우리에게는 하나의 도문만 있을 뿐이며 도성구우만 존재할 따름이다.

---

8) 3무三無정신은 무성無聲, 무흔無痕, 무심無心의 정신을 말한다. 나고 듦에 소리가 없고, 나고 듦에 흔적도 없으며, 나고 듦에 마음마저 없음을 뜻한다.

한기 14년 8월 12일 2002년 9월 18일

부레옥잠

오늘은 아침에 일어났다. 엊그제 밤을 하얗게 지새운 탓에 간밤 제법 긴 잠을 잤는데도, 아침이 되니 정신이 몽롱했다. 축구쇼의 후유증인지 온 몸이 다 아팠다. 평소에 행공은 하지만 그렇게 격렬하게 움직이지 않으니 몸에 무리가 가는 것이 당연하다.

이제는 마음의 여유도 조금씩 생기고 하니, 아들과 딸이랑 가까운 초등학교 운동장에라도 가서 운동을 좀 해야겠다.

몽롱한 정신에 신선한 아침 공기로 가슴을 채우고 가볍게 몸을 풀고는 행공을 시작했다. 행공을 한 번 하고 바로 본수련에 들어갔는데, 왠지 그래야만 할 것 같았다. 가볍게 아래 단계 복습을 한 후, 4천도계 본수련에 들어갔다. 옆에 있는 선풍기와 합일하고 부레옥잠과 합일하고 장미꽃과도 합일을 했다.

이번에 특이했던 점은 합일하기도 전에 그들의 말이 들렸다는 것이다. 부레옥잠은 "이제는 더 이상 자라기 어려우니 다른 곳으로 보내

주세요."라고 하고, 선풍기는 "이렇게 세워서 부리기만 하고 애정을 안 주니 서운합니다"라고 하고, 장미꽃은 "흐뭇하고 기분이 좋습니다."라고 했다.

아아, 만물일여萬物一如!

4천도계 공부도 서서히 막바지로 접어들어감을 느낀다. 물론 한당 선생님께 더 많은 가르침을 받고 인정을 받아야겠지만, 왠지 마음이 여기에 이른다. 4천도계를 공부하면서, '우주 삼라만상이 곧 나며 내 안에 삼라의 모든 것이 있다'는 심득을 얻고 마음의 여유가 많이 생겼다. 그 여유로움이 다른 존재와 세상을 바라보는 안목에 깊이와 넓이를 크게 더해 주었다. 그러다보니 참다운 즐거움을 알게 된다. 이 공부를 좀 더 깊이 들여다봐야겠다.

한기 14년 8월 12일 2002년 9월 18일

구슬

추석 연휴 전이라 그런지 몸도 마음도 부산하다. 오늘은 창원 도계동 사무실에 갔다. 체육대회를 준비하고 있는 실무진들과 담소를 나누고 진주 지원으로 돌아오는데 다 같이 수련을 해야겠다 싶었다. 그래서 도장에 도착한 후, 저녁 먹은 지 불과 몇 분 지나지 않았지만 실무진들을 불러 모아 다 같이 좌정해서 앉았다.

오후부터 도계에서 내려오는 빛이 심상치 않은 것도 있고 해서 다상茶床을 준비시켜 놓고 시작한 수련이었는데, 삼매에 들자마자 눈부시게 밝고 맑고 찬란한 빛이 충만하게 내려오는 것 아닌가. 그 자체로도 눈부시게 밝고 맑고 찬란한 빛 속에 이전에는 보지 못했던 왕좌가 보였고 어떤 분이 앉아 계셨는데 발 끝부터 허리까지, 그리고 손 부위만 보였다. 그 분은 오른손에 당구공 만한 하얀 구슬을 들고 계셨는데, 그 구슬을 나에게 주면서 한 말씀을 하셨다.

"마무리 지을 때가 되었도다."

더 많은 말씀을 하셨지만, 이 말씀만 깊은 여운이 남아 기억하게 되었다.

도계동 사무실에 있는 난초蘭草와 세 번 정도 합일을 했는데, 합일할 때마다 난초와 합일도가 높아져서 세밀함을 깊이 인식하게 되었다. 뿐만 아니라 난초가 하는 말도 점점 세밀하고 명확하게 들렸다. 그런데 신기하게도 합일을 했다가 풀 때마다 내 육신에서 무언가 빛이 계속 바뀌면서 점차 밝아졌다. 몇 가지 상像들이 지나갔는데, 그중에는 마음의 경계를 미묘하게 허물 수 있는 것도 있었다.

난초와 두 번째 합일을 할 때쯤, 갑자기 매화꽃이 만발한 초가집이 보이고 어여쁜 처자와 그 가족이 보였다. 처자는 나를 보더니 자기와 함께 그 곳에서 살자고 애원하는 것이 아닌가. 내가 단호한 어조로 "나는 내가 가야 할 길이 있으니 당신의 마음을 받아들일 수가 없다."라고 말하고 물러나려 하니, 눈물을 지으며 아주 구슬프게 흐느끼는 것이다. 그러나 가야 할 길이 있고 할 일도 태산이라 뒤도 돌아보지 않고 그 곳을 빠져나왔는데, 빠져나오자마자 가슴속에 배어 있던 슬픔이나 안쓰러움이 사라지면서 마음이 한결 충만해지고 고요해졌다. 아마, 심중의 응어리가 빠져나간 듯하다.

내게 남아 있던 알 수 없는 한恨과 슬픔이 소멸된 듯했다. 가슴 깊이 형성되어 있던 그 마음의 흔적이 이제 비로소 내 육신의 집착에서 벗어나서 제 갈 길로 간 것이다. 아직 내 마음의 모든 빛이 순백으로 찬란해진 것은 아니니_{아마도 도통을 해야만 그처럼 되지 않을까 싶다} 순백의 찬란한 빛을 바라는 간절함으로 더욱더 용맹정진해야겠다.

도움을 받은 신명께, 이런 도움이 있게 해 주신 한당 선생님과 천지간의 모든 신명들께, 그리고 많은 실무진과 도반 들에게 감사의 말씀을 드린다. 4천도계 공부의 마무리에 부족한 부분은 부단히 성찰하고 절차탁마해서 충만하게 채워야겠다.

한기 14년 8월 16일 2002년 9월 22일

마음

휘영청 둥근 보름달을 뒤로 하고 서서히 한가위도 저물어 갑니다. 이제는 체육대회와 개문 11주년 기념행사만 남았습니다. 2002년의 역동성이 이번 체육대회를 기점으로 정점에 오를 것입니다. 참으로, 우리 도문이 세상에 나아가기 위한 용틀임을 할 시기입니다.

도성구우道成救宇의 일념으로 세상에 나아가기 위해 준비하는 이 시점에서 추석연휴를 보내며 많은 것을 생각해 보았습니다. '나도 이제 나이가 들어가는구나. 더 이상 동심에 머문 막연한 생각과 마음으로는 내 소임을 일구어 낼 수 없겠구나.'

한당 선생님께서 "어린아이의 마음으로는 양신을 이룰 수가 없지."라고 하셨던 말씀처럼 우리가 계속 동심에 사로잡혀서는 지상에 도道를 펼칠 수 없지 않을까 합니다. 이제는 각자가 꼭 붙들고 있던 동심들, 갇혀 있었던 어린 시절의 두꺼운 껍질을 깨고 더 넓은 창공으로 비상해야 할 때인 것입니다. 이를 통해서, 내 존재성과 존재가치에 맞는 소임과 역할을 충실히 행해서 지상에 도道의 문화가 더욱

더 정착될 수 있도록 해야겠습니다. 여러분도 연휴 동안 풀어진 마음을 다시 한번 더 다잡아 일념정진, 용맹정진하기를 바랍니다.

한기 14년 8월 17일 2002년 9월 23일

합일 4

휘영청 둥근 보름달을 보면서 한가위 연휴를 돌아본다. 사뭇 많은 생각이 떠올랐는데, 마음속에 남은 하나는 '이제 새롭게 시작하자' 라는 호연지기였다. 추석나들이에 피곤하고 지친 몸으로 진주 집으로 돌아와서 도문관련 사이트 이곳저곳에 흔적을 남겼다. 유운정에 채팅방을 만들어 놓고 한참을 기다렸지만 들어오는 사람이 없기에, 애들을 조금 일찍 재우려고 방으로 들어갔다.

그러다가 깜빡 잠이 들었는지 놀라 일어나서 거실로 나와 보니 밤 12시 40분이었다. 정신을 좀 차린 후, 채팅창을 정리하고 컴퓨터를 끄려는데 인수 단사가 들어와 이야기를 나누었다. 그러다 이내 설록 사범과 식정 사범까지 채팅방에 들어와 다 같이 밤을 지새웠다. 함께 이야기를 나누다가 하늘에서 빛을 허락하기에 찬란하고 눈부신 빛을 받았다. 처음에는 둥근 보름달 같은 빛이었는데, 점차 밝아져서는 쏟아져 내리듯이 하더니 마침내 온 육신을 감싸기 시작했다. 아마 같이 채팅하던 사제들도 같은 빛을 공유했으리라.

처음 빛이 내리던 때부터 빛 속에 왕관을 쓰고 황금색 곤룡포를 입은 검은 머리에 검은 수염의 어떤 분이 보이는데, 조금 멀리 있는 듯했다. 그러나 언제부터일까. 갑자기 빛이 더욱 강렬해지더니 이내 그 둥근 원형의 빛무리에서 한줄기 빛을 타고 그분이 내게 내려왔다.

사실 조금 전에 갑자기 아파트 앞의 가로수와 합일하고픈 마음이 들어서 합일을 했다. 그리고 나서 밤하늘에 떠 있는 보름달과 합일해야겠다 싶은 마음이 들어서 합일을 했다.추석 전에도 그런 마음이 들었다. 그렇게 하고 나니 앞서 말한 그분이 빛을 타고 내려온 것이다. 가까이 와서 내 앞에 머무르기에 원신이면 합일하겠다는 마음을 먹고 나아가니 이내 합일이 되었는데, 나의 온 육신이 황금빛 물속에 들어가 있는 듯한 느낌이 들었다.

"이제는 진중하게 움직여라." 그런 말씀을 듣고 한참을 그대로 있었다. 온 전신에서 은은한 향이 풍기고 벅찬 마음속에 여여함이 밀려왔다. 여의무심이 바로 이러한 마음이 아닐까 싶었다. 조금 의외의 합일이었다. 내가 과연 4천도계의 공부를 끝내고 5천도계에 승천한 것일까. 5천도계의 세계는 아직 아무것도 접하지 못했다.

다소 의외의 공부라 한당 선생님께 여쭈어 확인을 해 봐야 할 것 같다. 만약, 앞선 마음 때문에 생긴 것이라면 당연히 꾸지람을 들어야 할 것이다. 제법 오래전 한당 선생님께 꾸지람을 듣는 것도 공부라는 사실을 깨우치고도 받아들이기가 쉽지 않았는데, 이제는 그것이 정겹게 다가온다.

그간 한당 선생님의 준엄한 가르침에 어린아이처럼 서운해 한 것에 대해서 진심으로 송구한 마음이다. 좀 더 성숙한 제자로 거듭나도록 노력해야겠다.

한기 14년 8월 24일 2002년 9월 30일

공평무사 1

"하늘에서 이끌어 주려 해도 4천도계 공부가 끝나지 않은 상태에서 5천도계 공부를 하면 나중에 오히려 더 힘들어지니, 4천도계 공부를 좀 더 충실히 하도록 해라. 충실하게 공부를 하다가 자연스럽게 밀려서 올라가는 것이 제일 좋은 것이다. 뿐만 아니라, 5천도계에서는 천도薦度를 할 수 있는 능력이 생기므로 '공평무사'에 대한 심득을 얻어야 하니 깊이 탐구하도록 해라."

한당 선생님께 '공평무사'에 대한 공부 과제를 받았다. 먼저 가르침을 주신 한당 선생님께 진심으로 감사의 삼배를 드리며, 아직 여러 모로 부족함에도 나를 이끌어 주려고 했던 나의 원신과 모든 천지간의 신명들께도 다시 한번 감사를 드린다. 스스로도 4천도계 공부가 만족스럽게 나의 것으로 정리되고 각인되어 완전히 체득하고 심득했다고 생각하지는 않는다. 한당 선생님의 가르침을 가슴 깊이 새겨서 '공평무사'에 대해 다시 한 번 더 시도하고 깊게 탐구해서 심득을 얻기 위해 노력하겠다.

10월부터는 가까운 도반들이 마련해 준 사무실이 생기니, 조금 소홀했던 수련도 심도 있게 할 수 있으리라 생각한다.

한기 14년 8월 26일 2002년 10월 2일

공평무사 2

한당 선생님께서 이르시기를, '공평무사하라'고 하셨다. 스스로 가슴 깊이 새겨두고 음미해 보았다. 공평무사하기 위해서는 중도中道를 알아야 하는데 중도는 바로 천지간의 섭리, 즉 하늘의 섭리를 정확히 꿰뚫어야만 가질 수 있는 마음이다. 4천도계 공부를 하면서 진실로 하늘의 섭리를 완전히 꿰뚫을 수는 없겠지만, 한당 선생님의 말씀처럼 만물과 합일하면서 그 이치는 터득할 수 있으리라 생각한다.

공평무사. 일日과 월月, 그것과 같은 마음이 아닐까. 이러한 생각에 이르니, 과거 전해 들었던 '청풍월상시 만상자연명 淸風月上時 萬像自然明'[9] 이라는 시구詩句가 생각이 난다. 공평무사도 마치 이와 같이 펼쳐져야 하지 않을까.

일렁이는 마음에 고요함이 밀려옴은 가을의 완연함 때문인가!

---

9) 원불교의 소태산 대종사가 대각大覺을 이룬 후 그 심경을 시詩로 표현한 것으로 '맑은 바람 달 떠오를 때 만상이 자연히 밝아오도다'라는 뜻이다.

한기 14년 8월 27일 2002년 10월 3일

조화

조화를 이루기 위한 방편은 여러 가지가 있으리라 생각한다. 자신의 위치에서 할 일을 하고, 자신이 할 일이 아닌 것은 그 일을 할 만한 사람에게 양보하는 마음과 실천력을 가지는 것도 조화의 방편이지 않을까. 모든 것을 홀로 다 할 수 있다면 그것도 괜찮겠지만, 역시 지상은 홀로 살아가는 세상이 아니라 모두가 같이 함께 더불어 살아가는 곳이니 말이다. 각자의 빛을 최대한 나투게 하고, 그 빛들이 서로 조화를 이루도록 하는 것이 더 아름다우리라 생각한다. 최근 들어 이러한 마음이 절로 밀려든다.

한당 선생님께서 말씀하신 '상선약수上善若水'도 바로 이러한 뜻이 아닐까. 들고 나는 때를 스스로 알아 순리대로 움직이는 것도 같은 뜻이리라. 스스로 해야 할 일이 많다고 느낄 수도 있지만, 사실 여러 인재들이 모이면 자신보다 월등하고 뛰어난 사람이 있기 마련이다. 어떤 경우에는 자신보다 조금 부족해 보여도 그 일을 하기에는 적당한 사람일 수도 있다.

각각의 사람들이 자신의 위치에서 자신의 일을 할 수 있도록 환경과 여건을 갖추고 배려하는 것도 조화의 한 방편이라는 생각이 든다. 나의 공부 과제인 '공평무사'는 '조화'를 공부하는 것도 포함된 것이리라.

하늘의 뜻을 받들어 삼매 속에서 그 진실된 이치를 전신에 각인시키고자 한다.

한기 14년 9월 1일 2002년 10월 6일

본향

10월 5일, 어제는 경남 실무진 교육과 함께 단인丹人과 선인仙人의 점검이 있었다. 어제 실무진교육은 현장학습으로 이루어졌는데, 체육대회 준비 차원에서 행사장인 창원대학 운동장에 모여 풀을 뽑았다. 많은 경남 실무진들이 가을 한낮의 땡볕을 받으며 부지런히 정성을 들였다. 경남센터의 후임 책임자인 지심 단사와 행사준비위원장을 비롯한 준비위원들이, "행사장에 잡초가 있어 우리의 정성이 반감되어 보인다"는 말에 동의하여 마음을 모아 행한 현장학습이었다.

역시 공功을 들인 보람이 있어 행사장으로 사용될 대운동장이 훨씬 깨끗해졌다. 사람의 손길이 한 번 더 간 곳의 정결함이란 굳이 설명할 필요가 없으리라. 2002년 도화제 한마당 행사를 준비하는 실무진과 준비위원들의 열정과 정성 어린 숨결을 대하면서, 또한 이번 현장학습에 동참하는 우리 실무진의 적극적인 참여의식을 느끼면서 가볍게 스치는 가을바람과 같은 흥겨움이 밀려왔다.

한편으로는, '이제는 이곳에서 내 발자취를 지울 때가 되었구나' 하는 마음이 일어났다. 내 숨결이 듬뿍 담겨져 있는 이 경남센터라는 도道의 터전에서 내가 할 수 있는 일은 다했다는 생각이 들었다.

이제부터는 또 다른 일, 하늘에서 천명으로 받은 소임 중 하나인 해외도법전파에 조금씩 마음을 둘 때가 된 것 같다. 예전부터 조금씩 준비는 했지만, 이제 본격적으로 움직여서 활동해야 할 때가 도래하고 있음을 느끼기 때문이다. 그래서 나는 한당 선생님의 재가가 있으면 '해외사업본부'를 설립해서 해외에 도법을 전하는 중심거점으로 삼으려고 한다. 오래전부터 하늘은 그러한 장을 펼쳐주기를 바랐는데, 지상의 여러 환경과 여건을 이유로 계속 미루었던 것이다. 이제 서서히 움직이자! 이러한 움직임이 도문에 새롭고 신선한 바람을 몰고 오리라 생각한다. 도문에 새로운 생명력을 불어넣으며 지상에도 새로운 계기를 마련하게 될 것이니 많은 분의 동참을 발원하는 바다.

어제의 수련은 참으로 만족스러웠다. 저녁 무렵 단인과 선인 점검 전에 녹차를 먹으면서 잠시 빠져들었던 삼매 속에서 몇 가지 공부를 할 수 있었다. 그중에 가장 인상 깊었던 것은 바로 경남센터의 월풍 단사가 가져다 놓은 난蘭과의 합일이다. 난이 아무도 모르게 살짝 꽃을 피웠기에 마음이 일어나서 합일을 시도해 보았다. 전과는 달리 난의 본체만 느껴지는 것이 아니라, 그 본향本香의 진한 내음까지도 음미할 수 있었다.

적송으로 만든 제법 넓은 다상과 향긋하면서도 은은한 난의 빛을 느끼면서 마음이 흐뭇했다. 또 다시 고요함이 밀려왔다. "대성大成을 축하한다."라는 한 음성도 들렸지만, 그보다 더 즐거웠던 것은 이 다음에는 또 무엇이 나를 기다릴까 하는 설레임이었다. 예전처럼 조급한 기다림이 아닌, 여유 속에서 찾아드는 지금의 이 흥겨운 기다림은 사뭇 나를 다른 세계로 이끄는 듯하다.

크리스털 삼도계 속에서 그 전체가 되어 보기도 하고, 삼도계 중심에 앉아 삼도의 빛을 받아 보기도 하면서, 4천도계 공부의 즐거움은 바로 이런 것이 아닐까 하는 생각이 들었다. 역시 한당 선생님의 말씀처럼, 공부란 쌓이고 쌓이다 밀려서 넘어갈 때 그 정수를 얻고 참다운 경지에 이른다는 생각이 절로 들었다.

'그래, 이 다음에는 또 무엇이 있을지 흥미롭게 다가가 보자. 나의 기다림보다 하늘의 기다림이 더 깊었을 텐데, 하늘은 인고 속에서 나를 기다려 주었건만 나는 그 찰나의 시간도 인내하지 못했구나. 이제는 나도 영글어질 때까지 공을 들이면서, 조용히 흘러가는 세월

속에 공부의 충만함을 즐거움으로 삼아야겠다.'

깊어가는 가을, 소리 없이 내게 다가온 가르침에 대해서 한당 선생님과 하늘에 삼배로써 깊은 감사를 드린다. 바야흐로 하늘의 안배와 시운에 따라서, 많은 분의 정성으로 조그만 사무실도 생겼다. 때마침 귀일법 점검도 11월부터 지심 단사에게 인계한다. 이제 나는 경남에서 지는 낙엽이지만 흐뭇함이 가슴 깊이 자리 잡는다.

스승님의 가르침과 하늘의 뜻에 따라, 섭리 속에서 조그마한 짐을 하나 벗었다는 생각에 미소 짓게 된다. 다시 한번 이 미소를 짓게 해주신 한당 선생님과 천지간의 신명들께, 모든 지상의 인연자들에게 깊이 감사를 드린다. 다음에 찾아올 내 소임을 위해 한동안 침묵 속에서 스스로와 천하를 관조하며 하늘의 뜻을 기다려야겠다.

묵언의 세월 속에서 나의 내면에 고요와 충만함이 무르익으면 한 송이 꽃이 피어나지 않을까 싶다. 그 향이 나를 가득 채울 때에 초막에서 자연을 벗삼아 보내는 여여함을 벗고 강태공처럼 다시 세상 속에 나아가게 되리라.

한기 14년 9월 2일 2002년 10월 7일 08:55

양신자에게 전하는 말

양신 수련자는 아래의 말에 귀 기울일 필요가 있다.

첫째, 궁을법에 있는 한당 선생님의 구결을 가슴에 새겨 공부하면서 깊이 성찰해서 탐구하고 절차탁마하라.

둘째, 100가지의 모든 행공이 다 이롭겠지만, 만약 3행공을 생활화하는 수도자라면 도각법이나 원하법, 궁을법, 세운법을 잊지 말고 하라. 양신 승급 후 처음 3개월 정도는 거명한 행공을 적어도 하루에 한 번씩 꼭 하는 것이 수련에 도움이 된다. 3개월 이후에는 도각법과 궁을법을 중심으로 하고, 나머지 행공은 매일 하나씩 바꾸어 가며 하는 것도 도움이 되리라 생각한다. 그렇게 하다가 양신을 보고 합일을 시도하게 되면, 다시 네 가지 행공을 반드시 하라. 출신을 하려는 사람들은 또 다시 도각법과 궁을법을 기준으로 하고 나머지는 매일 바꾸어 가며 하다가, 도계에 승천하면 모든 행공을 두루 하는 것이 좋다. 만약 행공할 시간이 전혀 없으면 고성법만이라도 반드시 하고 본수련에 들어가는 것이 좋다. 물론 아주 짧은 시간밖에 활용할 수 없다면 본수련만이라도 하는 것이 좋다. 낮에는 주로 운기복습을 하거나 양신 공부를 짧게 자주 시도하고, 조용한 밤 시간에 차분히 몰입해서 깊이있게 공부하는 것이 좋다.

한기 14년 9월 2일 2002년 10월 7일

침묵

태풍이 지나간 이후의 고요함을 느낀다.

짙은 녹음이 우거진 깊은 산 속에 초막이라도 짓고,
구름을 벗삼아 스치는 바람을 즐기며
유유히 세월을 보내고 싶다.

태공은 낚시로
나는 삼매의 즐거움으로
세월을 낚으려 한다.

한없는 내면의 충만함과 고요함을 즐기고픈 마음은,
또 한 번 나를 침묵하게 한다.

조용히 세월 속에, 그리고 세상 속에 은거하면서
하늘의 부름이 있는 그 날까지
침묵으로 행하고, 다만 소리없이 지켜보며,

차근차근 영글어 나아가야겠다.

무르익는 그 날, 세상에 크게 포효하리라.

한기 14년 9월 5일 2002년 10월 10일

반성 2

" 내 제자들이 욕심들이 있어서 안타깝다. 욕심을 가지고 있으면, 만사가 막히게 되어 있음을 알아야 한다."

한당 선생님의 이 말씀을 전해 듣고 여러 가지 생각을 해 보면서 나 자신을 진중하게 반성했다. 내가 아직도 버리지 못한 욕심은 무엇일까.

그것은 바로 '하늘의 내 자리'에 대한 것이었다.

도문의 초창기인 양재동 본원 시절에 소주천, 대주천 수련을 하는 사람들이 아직 하늘을 제대로 알지 못하는 상황에서, 누가 한당 선생님을 먼저 만나고 누가 후에 만났는지를 두고 서로 간에 서열 비교를 하며 다투는 모습을 본 적이 있다. 당시에는 젊은 마음에 이해할 수 없다고 비판을 했다. 물론 실무진 중 막내였던 시절이라 마음속으로만 그런 생각을 했다.

그런데 지금 내 마음속에도 그러한 상승욕구가 강하게 자리 잡고 있었던 것 같다. 한당 선생님의 말씀을 전해 듣고 도문에서 지내온 나의 발자취를 돌아보니, 중간중간 그러한 흔적이 엿보인다. 이 흔적들은 너무도 교묘해서 나 자신도 알지 못한 채 하나씩 둘씩 밖으로 표출되었던 것이다. 그러나 천지간에 그 흔적이 하나도 빠짐없이 고스란히 남아 있었다. 4천도계 공부를 하면서도 아직도 이 상승욕구를 버리지 못하고 있었다니 사뭇 부끄러움이 밀려온다.

공부를 깊이 해서 근본자리를 찾아 자신의 소임에 맞는 역할을 하는 것과 달리, 막연하게 '나는 이런 사람일 것이다'라는 관점에서 체득 없이 그 자리에 대한 욕심만 있으면 집착이 다가오지 않을 수 없다. 집착이 생기면 누구나 할 것 없이 마음이 조급해지는 것이다. 돌아보니 나는 내심 다른 것보다 하늘의 내 자리, 그 서열에 상당히 예민하지 않았나 싶다.

한당 선생님께서는 모름지기 '수도자는 부富는 하단전 여의주에서 찾고, 명예名譽는 중단전 여의주에서 찾고, 권력權力은 상단전 여의주에서 찾아야 한다'라고 가르침을 주셨지만, 나는 필요 이상으로 상단전 여의주에 집착했던 것이다.

나는 수도의 근본 심득이 되어야 할 중도中道에서 벗어나 있었던 것이다. 심지어 도계공부를 하면서도, 내 자리에 대한 수많은 상징과 암시, 직접적인 말씀을 하늘로부터 들으면서 '아, 내가 정말로 그런 사람인가 보다' 하고 휩쓸렸던 적이 많았다.

그러나 그때마다 다행히 한당 선생님의 수많은 금언金言을 가슴에 새기고 스스로의 체득에 의한 중지를 통해서 하나씩하나씩 고비를 넘어왔다. 돌이켜 생각해 보니 그 모든 것이 바로 내 마음속 깊은 곳에 자리 잡고 있었던 나의 욕심, 그 상승욕구를 소리 없이 자극해서 심저의 부유물을 일으켰던 현상이었다.

지금이라도 이를 가슴속 깊이 뼈저리게 반성한다. "대가 없는 노력을 행해야 하느니라."라고 하셨던 사부님의 가르침을 항상 가슴에 두고 늘 스스로를 경계하면서 깨어 있으려 했건만, 가슴속에 너무도 커다란 욕심의 뿌리를 두고 있었던 것이다. 행한다는 그 자체에 감사하고 만족하며 즐거워해야 하거늘. 나 역시도 내 근본자리에 대한 강한 욕구를 가졌던 것이다. 그 욕심을 오늘 이 자리에서 모두 들추어내어 바람과 함께 허공에 날려버리고자 한다. 이제부터라도 '행하는 그 자체에 감사와 즐거움을 가지자. 이것이 곧 나의 존재성과 존재가치에 대한 진실한 행함이며, 스스로 그것을 완연히 밝히는 것이다'라고 뒤늦게 지난 행적을 반성하며 성찰해 본다.

나는 진실로 찬란한 빛, 그 자체로 삼라만상의 모든 빛을 품을 수 있는 밝고 맑은 빛이 되고 싶다. 그 빛에 대한 그리움으로, 그 빛이 되고자 하는 강한 열망으로 정심正心으로 수도해서 정도正道로 펼칠 수 있도록, 그와 같은 도인이 될 수 있도록 더욱 지도 편달해 주시기를 한당 선생님과 하늘에 깊이 발원한다.

이 가을, 나에게도 무심의 즐거움이 찾아오려나 보다.

한기 14년 9월 5일 2002년 10월 10일

고뇌 1

한 마음 깨치어 스스로 반성하고 진실함에 머물고자 하니 세상이 달라보인다. 하지만 한편으로는 깊은 안타까움과 고뇌가 속절없이 밀려오니 내 스스로 어찌할 바를 모르겠다. 인간적인 정리情理로 좀 더 관조해야만 하는지, 아니면 하늘의 뜻과 섭리에 따라서 도道의 관점으로 풀어나가야 하는지, 스스로 일어나는 깊은 고뇌에 밤잠을 설친다.

한당 선생님께서 '공평무사'를 말씀하신 바 있고 하늘 신명계에서도 소임에 대해 진중하게 언급한 바가 있음에도, 아직 스스로 결정하지 못하고 이리도 고뇌하고 있음은 나 또한 순리에 벗어나고 있기에 그러한 것일까. 호연지기를 일으켰으나, 가벼운 바람에도 움직이는 구름처럼 스스로 중지를 세우지 못하고 있다.

따스한 햇볕에 살포시 고개 드는 꽃망울처럼 그렇게 살아가고자 했다. 하지만 더 이상은 미룰 수 없어 하늘의 섭리 속에서 순리의 바람에 맡겨 홀연히 움직이고자 한다. 모든 것을 내가 아닌 신명계에 그 뜻을 맡기려 하니, 그간의 고뇌가 한결 가벼워지는 기분이다. 이제부터는 지상에 사뭇 여러 가지 일이 일어날 것이다. 좋은 일과 힘든 일이 역동적으로 교차하면서 얼마나 많은 수도자들이 자신의 중지를 세울지, 한편으로는 나 자신부터 미루어 짐작할 수가 없다.

"수도자들이여! 부디 본연의 마음과 자세를 가지고, 한당 선생님의 금언을 가슴속에 새겨 항상 깨어 있고, 절차탁마하는 학인學人이 되도록 합시다.

믿음과 정성, 그 순수함에 스스로 머물 수 있도록 항상 자신을 돌아보고 행함에 스스로의 존재가치를 찾고 감사하고 만족하며 즐거워합시다.

하늘이 완연한 후천을 열고자 하는 이 시점에 흔들림 없이 도道 속에 머물러, 우리 같이 천상에서 맑은 미소로 유유자적悠悠自適 다상茶床을 사이에 두고 담소를 나눌 수 있도록 합시다.

타인에 의지하는 마음으로 자신을 버리지 말며, 홀연히 뜻을 일으켜 스스로의 길을 개척하고 나아감에 조화로움을 잊지 말고 화합합시다.

스스로의 안위와 욕심에 사로잡혀 자신의 빛을 흐리게 하지 말고 분연히 떨치고 일어나 초발심으로 돌아가 일념정진, 용맹정진합시다.

이를 통해 참다운 도道의 문화를 지상에 정착시켜 도성구우道成救宇의 깃발을 휘날립시다."

그렇게 될 수 있도록 하늘에 발원하고 또 발원해 본다.

한기 14년 9월 10일 2002년 10월 15일

공평무사 3

여명이 밝아 오기도 전, 천둥소리와 번개에 문득 놀라 일어났다. 새벽 3시까지만 해도 조용했던 대지에 하늘은 촉촉이 비를 뿌리며 천둥과 번개까지 몰고 왔다. 그런 하늘의 역사로 인해, 조금은 피곤했지만 체조를 시작으로 3행공을 할 수 있었다. 행공을 하면서 많은 고뇌거리에 대해서 스스로 결심했다. 힘겨운 부분은 하늘 신명계에 이양을 하고 '공평무사'에 대해 다시 한 번 생각해 보았다. '내 품에 있다고 한 번 더 보고 내 품 밖에 있다고 한 번 덜 보는 것', 이것은 분명 공평무사함에서 벗어난 것이리라.

공평무사함이란 하늘의 섭리, 즉 천지간의 이치를 꿰뚫어 알고 그것에 근거하여 판단하고 시행하는 것으로 어느 한쪽으로 치우쳐서는 안되는 것이다. 마치 까만 밤하늘에 휘영청 둥근 보름달이 빛을 비출 때, 사람과 사물을 가려가면서 그 빛을 비추는 게 아니듯이 말이다. 마음을 갈무리하는 순간, 고요함이 밀려오고 분노와 안타까움, 고뇌로 점철되었던 나의 내면에 햇살이 비치는 것 같았다.

'좀 더 순수하고 진중한 언행이 필요한 시기리라. 하늘에서 호연지기를 가지라고 끊임없이 당부하고 있는 때에 맞추어 스스로 한당 선생님의 그림자가 되어 천하에 소리 없이 우뚝 서서 정심으로 수도하고 정도로 펼치리라.' 한 번 더 다짐해 본다.

하늘이 무너질 듯한 천둥소리와 지상을 단숨에 삼킬 듯한 강렬한 번개도 어느 새 잠잠해지니, 다시 하늘이 열려 그 밝음을 한껏 드러내고 있다. 하늘 아래 좀 더 겸허한 마음을 가지고 좀 더 깊고 넓게 하심下心해서 대중 앞에서 군림하고 호령하는 것이 아니라 대중 속에서 보이지 않는 모습으로 길을 인도하는 지로사가 되어야겠다.

하늘의 은혜로움으로 예정 없이 다가온 공평무사에 대한 심득이 오늘 아침, 나는 다시 고요함에 젖어 유유자적 한다. 한당 선생님이 못내 그리운 이 시간, 안타까움과 송구함으로 가득한 오늘. 바람은 이미 가을임을 그 행行으로 말하면서 굳이 스스로를 알아달라 나투지 않는다.

이 가을, 세인들의 가슴을 훈훈하고 시원하게 하는 바람이 되리라.

한기 14년 9월 12일 2002년 10월 17일

심득 2

한당 선생님께서는 궁을법弓乙法 행공 동작마다 공부의 심결을 적어 놓으신 듯하다.

하단전에 기가 압축되니 지혜가 밝고
경추의 기가 팔을 통하니 눈 앞이 밝아지네.
명문의 기가 무릎으로 통하니 무릎은 천지의 기를 누르고
머리는 우주를 넘나드네

전신全身의 기를 고르게 분포하여
기氣를 평등하게 하니 심신이 자유롭네.
만일 훗날 양신陽神을 이룬다면 알리라
천지를 넘나들 때 큰 힘이 됨을….

스스로 지난 날을 돌아봐 깨우치니 천지가 감응하고,
스스로 땀 흘리니 눈물이 앞을 가리네.
허나 흘린 눈물과 땀만큼이나 인고의 나날들이 허송세월은 아니라네.

시련의 눈물과 땀만큼 세상을 구했으니.

두 용천湧泉이 낭심에서 서로 만나니 대해大海를 알 수 있고
마음은 천지를 굽어보니 세상을 볼 수 있어
나 스스로의 깊이를 알 수 있다네.

마음이 여의하니 명예욕이 없고
무심하니 권력욕이 없네.
경추가 용천과 만나니 물욕이 없네.

합일合一의 이치를 터득하니 내가 없고
내가 없으니 천지에 내가 가득하다.
팔굽과 발 뒷굽이 서로 기세를 다투니
오직 의지만이 강렬히 빛난다.

곡기를 끊고 수도修道하니 마음이 분란하여 어지럽고 고행이 따르네.
스스로 고행을 벗삼아 수도하니 고행 속에 밝음이 있네.
중단전과 하단전이 서로 응하니 언력言力이 좋아지네.

천지의 귀함을 깨우치니 스스로 하늘과 같고,

내세우지 않으니 그 귀함이 땅과 같다.
훗날 귀한 일꾼을 찾는다면 바로 이 자를 말하리라.

남의 말을 들을 줄 아니 공명정대함을 알고
남의 말을 귀히 여기니 무례함을 범하지 않는다.
고통을 스스로 감내하니, 그 성품 비오는 날의 다향茶香과 같다.

이 심결은 양신 공부를 하는 사람들 뿐만 아니라, 모든 수도자가 가슴 깊이 간직해야 할 것이라고 본다.

오늘 새벽, 한당 선생님께 몇 가지 가르침을 받았다. 스스로 4천도계 공부가 거의 막바지에 다다랐다고 생각은 하면서도 무언가 하나가 빠졌다는 생각을 지울 수가 없었다. 도대체 그 하나가 무엇인지를 계속 탐구했지만, 안개 속에 갇힌 듯 요원하기만 했다. 그런데 어느 사범과 한참 깊은 대화를 나누시던 한당 선생님께서 옆에서 꾸벅꾸벅 졸고 있던 나에게 "요즘 5천도계 의술신명과 합일해서 함께 하는 공부는 계속 하고 있느냐?"라고 물으시기에 몇 가지 말씀을 드리면서 공부에 대해서 여쭈게 되었다. '만물일여'를 공부할 때 어떻게 하면 온도와 습도를 알아볼 수 있는지를 여쭈면서 4천도계 공부에서 아주 중요한 가르침을 받았다.

한당 선생님의 말씀을 듣는 순간에 "아하, 이것이구나!" 하는 마음이 문득 일어났다.

'내가 그동안 무언가 허전하다고 생각했던 것이 바로 이것이었구나! 이것이 내 공부에 없었던 거야.' 그러자 충만함이 밀려왔다. 이 충만함을 온 몸으로 만끽하면서 '역시 수련은 스스로의 확신과 자신감을 통해 믿음이 형성되어야 하고, 그 믿음이 자신의 중지와 타인에 대한 배려 속에서 호연지기를 크게 발해야 하는 것이다.'라는 심득이 일어났다.

앞서 궁을법의 심결과 함께 이러한 심득이 더욱더 내 자신을 고요하게 만들었다. 이제 한당 선생님께서 가르쳐 주신 부분을 부단히 노력해서 내 것으로 만들기만 하면 된다. 탐구심을 가지고 헤매인 그간의 모든 행行이 눈앞을 스쳐지나가고, 내가 가야할 길이 다시 밝아지는 것을 느끼며 고요히 삼매에 든다. 가르침을 주신 한당 선생님께 삼배로써 감사한 마음을 드리고자 한다.

한기 14년 9월 14일 2002년 10월 19일

크리스털

한당 선생님 친필 어록을 보면 '활기심법活氣心法'이라는 것이 있다. 이것은 도계에 승천한 사람만이 할 수 있는 것으로 그동안 나도 조금씩 행하고 있었다. 오늘도 5천도계 의술신명과 합일해서 의료실무진과 대담을 나누기 전에 '활기심법'을 먼저 행해 보았다. 왠지 그러고 싶었다.

앞에 다른 사람이 있는 것을 개의치 않고, 두 손을 높이 들고 몰입해 들어가니 갑자기 하늘이 열리면서 하얀 빛들이 쏟아졌다. 이 하얀 빛 하얗다고 하기도 그렇고, 은백색이라고 하기도 그렇고, 투명하다 하기도 그런, 표현하기 어려운 빛이었다. 이 점점 굵어지더니 나중에는 마치 다이아몬드가 쏟아져 내리는 것처럼 보였고, 조금 더 지나니 이번에는 커다란 크리스털이 쏟아져 내리는 것처럼 보였다.

예전에 거산 문사께서 도계에 승천할 때 황금가루가 쏟아져 내려왔다고 말한 것이 순간적으로 떠올랐다. 그래서 쏟아져 내리는 투명하면서도 하얗게 보이는 크리스털 모양의 빛들을 온 몸으로 받으면서 열려 있는 하늘로 승천해 보았다.

빛 속으로 들어가니 잠시 어떤 공간들과 빛무리가 나타나고, 마치 밝은 별들이 박혀 있는 듯한, 석굴암과 비슷한 반구半球형 천장이 시야에 들어오면서 그 아래 높은 단상이 보였다. 단상 위에는 어떤 분이 앉아 있었는데, 그 분의 빛은 하얗다기보다 오히려 투명한 쪽에 가까웠다. 그러나 안타깝게도 전체적인 체형의 윤곽만 보일 뿐, 이목구비는 보이지 않았다. 그러다가 갑자기 그 분이 360도 회전하면서 전면全面이 보이더니, 이내 빛이 크게 밝아졌다가 점점 사그라들면서 그 빛 속에 한 분이 서 계시는 것이 보였다.

머리에는 왕관을 쓰고 있는 듯한데 정확한 이목구비는 보지 못했다. 다만, 눈 아래 모습은 보였는데, 이번에는 까만 수염이 아니라 잘 다듬어진 길고 하얀밝게 보여서 그런지 한편으로는 투명하게 보이기도 했다 수염이었다. '내 원신이면 합일이 되겠지' 하니, 갑자기 빨려 들어가듯 합일이 되지 않는가. 그 순간 한당 선생님의 말씀이 떠올랐다. "모름지기 공부란 밀리고 밀려서 나아가야지, 아직 아래 단계 공부가 다 끝나지도 않았는데 이끌어 준다고 해서 다음 공부로 나아가는 것은 좋지 않다."

'아, 나도 이번에는 제자다운 제자가 되어 보자' 싶어서, 합일상태를 얼른 풀려고 했다. 물론 한편으로, '5천도계는 행성이라 궁窮이 있다는데, 만약 이 분이 5천도계의 내 원신이라면 궁窮이 보일 텐데'하는 마음이 있었던 것도 사실이다. 그래서 혹시나 하는 마음에 주변을 둘러봤다. 다만, 더 이상 눈에 보이는 것이 없기에 또 지난번과 같은 상황인가보다 싶어서 합일을 풀려고 한 것이다.

합일을 풀고나서 5천도계의 의술신명을 청했는데, 앞서 만난 이 존재가 자신의 의지로 먼저 내 육신에 내려앉았다. 어쩔 수 없이 한당 선생님께서 주신 경계의 말씀을 전하여 나가게 하고는 5천도계의 의술신명과 합일을 했다. 내가 내 의지로 합일을 거부한 것은 이번이 아마도 네 번째인 듯하다. 한당 선생님께서 하신 말씀이 아니라면 아마 그냥 받아들였을 것이다. 그러나 한당 선생님의 말씀에 충분히 공감하고, 또한 그것이 정석이란 생각에 조금 앞서가려는 마음을 다 잡아보았다.

내가 신명들께서 도와주려는 것을 거부할 때도 있구나 싶어 한편으로는 대견하기도 하고, 또 한편으로는 공부에 목숨을 건 사람처럼 살다가 여유를 가지는 것을 보니 도인이 되어가는구나 싶기도 하다.

크리스털이 쏟아지는 하늘이라니 오늘 경험은 아주 신선했다.

|추신| 도계에 승천해서 할 수 있는 것으로 활기심법活氣心法과 심양발선공心陽發仙功이 있다. 활기심법은 도계에 입천한 지 얼마 되지 않아도 할 수 있지만, 심양발선공은 최소한 4천도계 이상은 되어야 좋을 것이다. 한당 선생님 친필 어록에서 옮긴 것이라 여기에 기록하여 사장시키지 않고, 사제들에게 전하고자 한다. 각자의 심득에 따라 심오하고 현묘한 이치를 득하기를 바란다.

1. 활기심법 : 우주의 현묘한 이치를 각覺하고, 도계에 입천한 사람이 천지간의 기운을 이용하여 인간을 살리는 제생의세의 도법이다. 마음을 하단전에 고요히 두고 양손을 들어 하늘을 향해 뻗은 다음에 천기를 받아 용천으로 흘러보낸 후 몸과 마음을 천지 자연의 무한한 기운 속에 젖어들도록 하여 제생의세의 힘을 기른다.

2. 심양발선공 : 이는 마음의 한줄기 밝은 빛을 자연만물에 보냄으로써 그와 합일하여 만물의 신성神性을 만나 즐기며 깨닫는 것을 말한다.

한기 14년 9월 14일 2002년 10월 19일

왕관 2

아침에 시간상 3행공을 다 못하고, 2행공만 하고 본수련에 들어갔다. 운기 복습을 간단하게 하고 4천도계 공부만 간략하게 한 후 일어날 생각이었다. 왜냐하면, 오늘은 7기 실무진의 사범 승급을 위한 집체교육이 있어서 미리 준비할 것이 많았기 때문이다.

그런데 문득, 어제 주변분들에게 추천했던 물의 신비와 관련된 책과 합일해 보아야겠다 싶어 합일을 시도했다. 합일을 풀고 수련을 끝내려는데, 어제 풍황 사범이 한 말 도계글과 합일해보면 어떻겠느냐고 했다 이 생각나서 한당 선생님께서 내게 써 주신 도계글과 합일을 시도해 보았다. 그랬더니, 갑자기 하늘이 열리면서 빛이 내려왔다. 빛 속에 광활한 대지가 보이고 위로는 우주가 펼쳐졌다. 마치 천하에 우뚝 서 있는 듯한 느낌이 들었다. 그렇게 조금 더 있어보니, 하늘에서 빛을 타고 왕관이 하나 내려와서 내 머리에 내려앉는 것이 아닌가. '어제 내가 분명 거부를 했는데 이것은 또 무엇일까' 호기심이 일어나면서 여러 가지 심상이 동시에 형성되었다.

찰나의 혼란을 겪고 나서 '자연스럽게 흘러가보자' 하는 마음으로 가만히 주시하니, 다시 까만 하늘이 보이고 그 속에 커다란 행성이 보였다. 이어서 수많은 행성들이 보이고, 조금 더 나아가니 커다란 성운들이 보이고 은하도 보인다. 마치 내가 우주에 나와 있는 것처럼 말이다. 앞으로 나아가던 것을 잠시 멈추고 주위를 둘러보니, 광대한 우주가 십방十方에서 나를 감싸는데, 그 속에 내가 우뚝하니 서 있었다.

그렇게 잠시 서 있으니, 왼쪽 상단에 아주 밝은 빛무리가 보였다. 나는 빛무리 속으로 들어가려고 그 쪽으로 방향을 돌렸다. 그러자 빛무리는 정면 위로 다가왔고, 그 속으로 들어가 보니, 아주 강렬한 빛을 지닌 행성같은 것이 보였다. 무언가 구조물이 보이고, 그 속에 머리 형상이나 옷차림이 고대인古代人같은 존재들이 있었다. "당신이 나의 원신입니까?"라고 물으니 아니라고 한다. 본인은 나를 인도하려고 온 존재라고 한다. 그 존재의 인도를 받아 어딘가를 통과하고 여러 사람들을 지나니, 왕상에 앉은 어떤 존재가 나타났다. 그런데 이 분은 수염이 하얗지 않고 검은색이었다. 그래서 내가 약간 실망스러운 표정과 말투로, "당신이 나의 원신입니까?" 하니 "그렇다"고 했다. "그런데 수염이 왜 검은 색입니까?" 하니 그 분이 호탕하게 웃으면서 하는 말이 "그대여! 나를 한번 다시 보라."고 했다. 그래서 마음을 가다듬고 다시 쳐다보니, 빛이 확 바뀌면서 머리에 왕관을 쓴, 아주 은은하면서도 밝고 투명해 보이는 하얀 수염을 가진 풍채가 좋은 존재의 형상이 보이는 것이 아닌가!

순간 놀랐지만 주변 모습이 보이지 않기에 스스로 의구심을 가지니, "너무 조급해 하지 말게나, 머지 않는 시간에 그대와 나는 다시 만나게 될 터인즉."이라는 말이 들렸다. 그래서 다음 공부를 미리 일부 경험했다고 마음을 갈무리하고 지상으로 내려왔다. 다시금 자유로움과 평온함이 충만히 밀려왔다. 그 충만함 속에서 오히려 고요함을 느끼는 것은 무슨 영문인지 알 수 없다.

한당 선생님과 천지간의 모든 신명들께 두루 감사할 따름이다.

한기 14년 9월 17일 2002년 10월 22일

나

옷깃을 스치는 스산한 바람에 마음이 하염없이 허공에 머문다. 무덤덤하게 떠 있는 둥근 달은 고요히 배어 나오는 빛으로 암운暗雲을 서서히 밀어내고 있다. 참으로 아름다운 밤, 푸르다 못해 까맣게 보이는 이 적막한 밤에 소리 없이 자기 자리에 우뚝 서 있는 만월滿月로 천하는 고요히 잠든다.

아무 의미 없는 시선으로 내려다보는 들과 도시의 가로등, 그리고 적막함에 고요해져버린 내 한 마음으로 호흡 삼매에 젖었다. 왠지 뭔가 일어날 것 같은 밤에 찾아간 심원心原의 세계, 눈을 감자 여러 빛이 어우러지기 시작했다. 찬란한 빛 속에서 생성되는 수많은 상像들. 만물합일 공부를 할까 하였으나, 주위에 있는 여러 형상들이 내 뜻대로 머물기를 원치 않았다.

몇 사람이나 될까? 그중 한 두 존재는 인도하는 이들 같고, 한 두 존재는 따르는 이들 같고, 또 한 존재는 누구일까. 마지막 존재는 내 뜻과 상관없이 나와 하나가 되어 육신에 제법 형形을 만들었다.

조금 더 당당해진 느낌이 들었다. 우주와 여러 별들, 한두 개의 행성 같은 것이 보이고, 무언가가 내 앞을 스쳐지나갔다. 그런데 나는 왠지 불편했다. 내 뜻대로 공부가 되어야 하는데, 누군가의 뜻대로 공부가 되고 있다는 것이다.

여러 번 만물합일을 시도했지만, 위풍당당하고 준엄해 보이는 어느 할아버지께서 본인의 의지로 나와 합일하고는 자신의 뜻을 따라주기를 바라는 바람에 매번 의식을 깨어버렸다. 한당 선생님께서는 밀려가기를 바라셨고 나 또한 그러한대, 이 할아버지께서 내 눈 앞에 아른거리는 것만으로는 부족해서 이제는 아예 허락도 없이 내 육신에 내려와 버린 것이다. 그분은 몇몇 보좌하는 존재들과 함께 나를 어딘가로 인도하려 했지만, 내 심원心原은 혼란스러웠다.

만물과 합일을 시도하려는 나. 나를 어디론가 인도해 가려는 나 아닌 나. 결국에는 의지를 세워 흐름을 따르지 않자 그냥 그렇게 끝이 나버렸다. 그럼에도 충만히 밀려오는 뿌듯함과 고요함은 무슨 여유일까! 마치 까만 밤의 하얀 달처럼 그 자체로 존재가치를 지녔기 때문일까.

다음에는 내 뜻을 다 펼치기보다는 그렇게 여물어 가는 흐름에 자연스럽게 순응해 보기도 해야겠다. 그것이 하늘의 뜻이라 여겨진다면 말이다.

한기 14년 9월 19일 2002년 10월 24일

묵언행

어떤 가까운 도반분이 내 상像이 수시로 바뀌는 것 같다고 했다. 조용히 웃으며 "아마도 자주 기운이 바뀌나 봅니다."라고 말했다. "경사님 기운이 제게는 느껴지지 않는데, 갈무리하시나 봅니다."라고 해서 "보통 때는 갈무리하려고 하죠."라고 대답했다.

가을바람이 불고 때 아닌 겨울 서리가 내리던 어느 날부터 내 입이 무거워졌다. 입이 무거워지니 덩달아 발걸음도 진중해졌다. 그래서 그런지 주변 사람들은 예전과 달리 내가 어려워졌다고 한다. 그런 말을 들으면 '어려워졌다니 내 공부가 아직 더 깊어져야겠구나.' 하는 마음이 들면서도 내 자신이 더더욱 진중해졌음을 체감한다.

가을을 타는 것일까. 아니면 조용히 찾아오는 시원始原의 벗과 밤새 다향을 나누는 자리가 즐거운 탓인가. 진중해진 발걸음에 무거워진 입이 왠지 싫지만은 않다. 다만 살며시 일어나는 다향에 몸을 실어 시공을 넘나들 뿐이다.

한기 14년 9월 25일 2002년 10월 30일

가을

가을이다. 수확의 계절, 결실의 계절, 가을이다. 천고마비라는 가을이 그 모습도 채 보이기도 전에 하늘과 땅이 바뀐 듯 스산한 겨울이 먼저 오는 듯하다.

요즈음 마음의 한자락을 엿보게 된다. 고독한 듯하지만 꼭 그렇지도 않고, 쓸쓸한 듯하지만 꼭 그렇지도 않고, 외롭고 허전한 듯하지만 꼭 그렇지도 않고, 공허한 것 같지만 꼭 그렇지도 않은, 그러면서도 충만한 듯하지만 꼭 그렇지도 않고, 고요한 듯하지만 꼭 그렇지도 않은 참으로 이해하기 어려운 마음이 종종 든다.

이런 마음이 절정이었던 때가 바로 연수가 끝난 일요일 저녁이었다. 허전하면서도 공허한, 그러면서도 고요한 듯한 충만함이 밀려오는데, 이 마음이 무슨 마음인지 스스로 탐구를 해 보았다. 이해하기 어렵던 이 마음의 변화가 거의 갈무리 된 지금, 한가지 성향이 내 몸에 배었음을 알게 되었다. 다름 아닌, 여유와 기다릴 줄 아는 마음이다. 이것이 내 가슴을 가득 채우니, 흘러가는 것을 자연스럽게 지켜볼 수 있는 즐거움과 관조하며 기다릴 수 있는 즐거움을 가지게 되었으며, 더욱더 말이 깊어지고 진중해진 것이다.

밖은 미처 가을이 다 오기도 전에 겨울이 와 버렸지만, 내 마음은 아직도 가을이다. 그래, 이 마음은 가을을 품은 마음이었다. 오늘도 단풍진 산마루를 보며 고요히 천하를 느껴 본다.

한기 14년 9월 25일 2002년 10월 30일

심마 心魔

실무진 연수가 시작되던 지난 금요일. 조금 일찍 본원에 도착해서 사부님 집무실에서 차를 한잔 먹게 되었다. 여러 사람이 둘러앉은 자리에서 이런저런 담소가 있었고, 나도 자연스럽게 동화되어 어울렸다. 그런데 점심 식사를 하고 나자 갑자기 가슴이 쿵덕거리기 시작했다. 얼마 전 참으로 특이한 경험을 했는데, 아마도 그것을 여쭐지 말지를 결정짓지 못해 마음이 분란했던 모양이다. 결국, 궁금한 것은 가슴에 두기보다는 일단 여쭙고 혹시 꾸지람을 듣게 되면 고치면 된다는 마음에 서두를 꺼냈다.

한당 선생님께서는 한참을 들으시고는 묵묵부답으로 계시기에 "혹시 제 마음이 급해서 생긴 것입니까?" 하고 여쭈었다. "제가 요 근래는 급한 마음이 없어진 듯하기는 합니다만…." 흘려 지나가는 말투로 살짝 여쭈니 "내가 이것을 네게 말해 주어야 할지, 아니면 말하지 말아야 할지 결정을 못하고 있다." 하시기에 두 번째로 겪은 것까지 연이어 말씀을 드렸다. 내심 4천도계 공부가 끝났음을 말해 주는 징조가 아닌가 싶기도 했지만, 그 경험이 너무나 이채롭고 특이해서 좀처럼 잊을 수가 없었던 것이다. 뿐만 아니라, 궁금한 것은 잘 참지 못하는 성향 때문이기도 했다.

"그건 5천도계에 있는 네 자리를 말하는 거다. 아마도 이제 4천도계 공부가 끝나가고 있는 것 같네. 한두 달 후면 5천도계에 승천할 수 있겠구나." 약간 짐작은 했지만 그래도 야단맞을 줄 알았다가, 의외의 말씀을 들은 터라 조금 당황하기도 했다.

"감사합니다. 사부님께서 여러모로 많이 이끌어 주셔서…." 화장실 가신다고 일어서시는 한당 선생님께 얼떨결에 말씀을 드렸다. "내게 고마워할 것 없어, 네가 한 공부의 결과이지 않느냐." 약간은 냉정하게 들릴 수 있는 말씀이셨지만, 나는 따뜻함을 느꼈다. 나는 한당 선생님께 그와 같은 말씀을 들었다는 사실을 입 밖에 내지 않았다. 이전 같으면, 자랑하고 싶은 마음에 이 사람 저 사람에게 은근슬쩍 이야기를 했을 텐데, 이번에는 왠지 마음이 차분하게 가라앉아 홀로 내면의 고요함만 즐겼다.

그런데 이런 나만의 즐거움도 잠시였다. 일요일인가, 토요일에 제법 많은 사람들에게 이 사실이 알려졌다. 어떤 분은 5천도계에 승천한 것을 축하해 주기도 했다. 부담이 밀려왔다. 5천도계에 아직 승천한 것도 아니고, 어쩌면 한두 달 뒤에 승천할 수도 있겠다고 하셨을 뿐인데, 벌써 이런 소문이 나다니.

그 부담감에 결국, 수련을 하다가 무언가 5천도계를 의미하는 어떤 현상이 없을까 하고 무의식 중에 찾기 시작했다. 이 무의식의 발로 때문에 여러 현상을 보게 된 듯하다. 나는 이것이 마^{魔}임을 자각했다. 마중지왕^{魔中之王}이라는 심마. 소리없이 찾아와서 소리없이 사라지는, 바로 그 심마였던 것이다. 이것이 심마임을 스스로 인지한 지금은 오히려 더 평온하고 차분해졌다. 다시 처음부터 시작한다는 마음으로 만물일여의 마지막 공부를 마무리할 생각이다. 머지않아 의식하지 않아도 자연스럽게 찾아올 깊은 고요함을 기다리며 진중하게 정진할 것이다.

한기 14년 9월 26일 2002년 10월 31일

존귀함

4천도계 공부를 하면서 항상 가슴속에 품었던 말은 '존귀함'이었다. 우주 삼라에 있어 '존재의 존귀함'이란 그것이 먼지라 해서 부정할 수 있는 것이 아니었다. 삼라의 모든 것, 극미한 것에서부터 극대한 것까지, 보잘 것 없어 보이는 것에서부터 대단해 보이는 것까지 모두 다 나름의 자기 역할을 충실히 하고 있음을 보고 듣고 느꼈던 것이다.

수많은 존재 속에서 내가 해야 할 역할은 무엇일까. 내 스스로 존재에 대한 여러 마음이 일어나고 사라지기를 무수히 반복했다. 존귀해 보이는 것이 있다 해서 내가 그와 같을 수 없고, 하찮아 보이는 것이 있다 해서 내가 그와 같을 수도 없다. '불비타인不比他人'인 것이다. 다만, 나는 내 존재가치 그 자체에 존귀함을 느끼고 스스로의 빛이 가지는 의미를 살펴 내 역할을 충실히 함이 곧 만물일여의 조화로움이 아닐까 한다.

스스로의 의지로 천하에 우뚝 서니, 우주 삼라가 한눈에 들어온다.

한기 14년 9월 26일 2002년 10월 31일

일체유심조

우주 삼라만상 모든 존재의 가치가 존귀하게 다가온 이후로 몇 가지 현상이 있었다. 좌정해서 삼매에 들어 있는데, 불쑥 어떤 신명 할아버지께서 나타나서 자신의 왕관을 나의 머리에 씌어주고는 사라졌다. 저녁 무렵에는 검은 공간 정가운데에서 한 줄기 밝은 빛이 나와 어떤 장식장 위를 살며시 비추더니, 순간 정밀하게 세공된 왕관이 가까이 보이면서 밝게 광채를 발하며 모습을 드러내었다.

금으로 만들어진 왕관에는 온갖 보석이 있었는데, 단연 눈에 띄는 것은 다이아몬드 같은 세 개의 큰 보석이었다. 이들 세 개 중에서도 가운데에 있는 다이아몬드가 제일 컸는데, 내 주먹만한 크기였다. 처음에는 빛 속에 왕관이 보였고, 두 번째에는 세밀한 세공 부분과 여러 보석과 다이아몬드 들이 보였고, 끝으로 가장 큰 다이아몬드처럼 생긴 보석이 가까이 다가오더니 내 눈 앞에서 빛을 크게 발하고는 사라져 버렸다는 것이다.

왕관이 보인 다음부터 여러 존재들이 찾아왔다. 물론 이들 중에서 내 원신처럼 보이는 존재는 없었다. 이들은 내게 이런저런 이야기를 해주고 갔는데 수련을 마칠 즈음 정확히 형상을 그리기 어려운 어떤 존재가 찾아왔다. 그 존재는 나와 소리없이 하나가 된 후 느낌만 남기고 사라졌다.

마음이 조금 흔들렸다. 점점 5천도계가 가까워지고 있음을 느낀다. 그렇지만 나는 아직 4천도계에서 얻을 것을 다 얻었다고 생각하지 않는다. 무언가가 아직 부족하다는 생각이 들기 때문이다. 그래서 여기에 자만하지 않고 다시 처음부터 시작한다는 마음으로 차분히 만물과 합일해보았다. 그러다 보니 내 입장에서 그들을 보는 것이 아니라 그들의 입장에서 삼라를 보는, 그런 시각을 갖게 되었다. 이렇듯 바라보는 관점의 차이에서 나는 무언가 깊은 것, 그러면서도 단순하고 간결한 어떤 것을 내 온 몸으로 깨우치게 되리라는 것을 새삼 예감했다. 아직은 정확하게 가슴에 와 닿지는 않는다. 그렇지만 곧 다가오리라 확신한다. 그것을 얻게 되는 날, 나는 단 한 번의 자유로움으로 속박과 굴레에서 자연스럽게 벗어날 것이다.

일체유심조一切唯心造! 이 말의 참의미를 가슴으로 느껴본다. 일체유심조가 내 안에서 생명력을 가지게 될 때, 여의무심의 또 다른 세계를 열 수 있으리라.

멀리 달아난 가을이 아직 온기를 남겨 두고 있다. 낙엽 바스락거리는 소리에 무량의 세월을 깨우니, 시원始原이 눈앞에 펼쳐진다.

한기 14년 9월 27일 2002년 11월 1일

성찰

무고무도無苦無道라 했던가! 4천도계 공부 막바지에 일어나는 마음 하나를 엿보게 되었다. 다름 아니라 감정이 아주 예민해지는 것이다. 칠정七情 중에 근심과 노여움이 크게 일어나는데, 그중에서도 노여움에 관련한 것이 두드러진다. 이런 모습이 바깥 생활에서는 거의 드러나지 않는데, 가정에서 특히 아이들과의 관계에서 주로 드러난다. 어린 아이들을 상대로 차분해지거나 여유를 가질 수 있다면 세상 그 어떤 사람에게도 도道를 펼칠 수 있겠다는 생각이 요즘 부쩍 든다.

오늘 새벽에도 딸 현지가 두 시간 단위로 깨는 바람에 달래고 달래다가 결국 크게 화를 내면서 아이를 한 대 때렸다. 그래도 자식이기에 맞으면서도 안아 달라고 안기는지라 품에 안고 재우기는 했지만, 왠지 마음이 불편했다. '요즈음 내가 전과 달리 마음이 예민해져 있구나' 하는 마음과 함께 '선천도통을 목전에 둔 사람이 이 정도에도 여유를 가지지 못하다니' 하고 조금은 자조 섞인 한탄을 하게 되었다. 물론 도인이 목석은 아니다. 그러나 나는 항상 '좀 더 넓은 마음,

좀 더 깊은 중지, 삼라를 꿰뚫을 수 있는 안목과 지혜를 연마하리라'고 발원해 왔는데 그 뜻에 미치지 못한 것이다.

요즈음 공부가 조금씩 되어 가면서 '내가 그래도 조금은 오욕[10]을 넘고, 칠정을 벗어나고 삼라의 무량한 존재를 제대로 꿰뚫어 나가는구나'라고 생각하던 차였다. 뭔가 모를 뿌듯함과 충만함을 느끼던 터라, 오늘 뜻밖에 드러난 나의 날카롭고 예민한 마음을 보고는 참으로 진중해지고 말았다. 『천서』에 '구천계에 이르러야만이 비로소 인간의 마음을 벗어나 신의 마음宇宙心에 접어드는 것이다'라고 되어 있는데, 참으로 그러한 듯하다.

공부를 함에 있어, 공부의 진전이 먼저 오고 고苦가 뒤에 오거나 고苦가 먼저 오고 공부가 뒤에 오는 그런 것이 아니라, 둘은 항상 복합적이고 입체적으로 음양의 작용처럼 함께 다가옴을 알겠다. 아마 지금 진행되는 나의 과정도 그러한 공부의 연속이 아닐까. 삶이란 죽어 있는 것이 아니라 살아 숨 쉬는 수많은 변화의 연속이기에 그것이 자연스러운 공부 과정일 것이다.

---

10) 한조님께서는 석문사상을 통해 삼욕칠정三欲七情으로 정리를 해 주셨다. 삼욕칠정은 『석문사상』석문출판사, 2013 60면 각주 20, 21번에 자세히 수록되어 있다.

변화, 참으로 마음에 드는 말이다. 우리는 이 변화의 연속에 생명력을 느끼는 것이다. 또한 이러한 변화 속에서 더욱 가치가 있고 스스로 마음껏 그 빛을 발휘할 수 있는 것이리라. 살짝이지만 이미 드러난 마음, 더 이상 무엇을 머뭇거릴 것인가. 이 마음, 깊고 넓게 탐구해서 또 한번 뛰어넘어 보려고 한다.

아침의 차가움이 이내 훈훈함으로 바뀌더니 이제는 적당한 바람이 불어 내 가슴을 적신다.

한기 14년 9월 30일 2002년 11월 4일

변화

그간 미루었던 일을 며칠 사이에 모두 결정했다. 한편으로는 마음이 무겁고 한편으로는 안타깝다. 그러나 일에는 항상 그 한계가 있는 법임을 어찌하겠는가. 그래서인지 오후부터 여러 생각에 사로잡혀 있었다. 홀가분하긴 해도 여전히 무거웠던 마음속으로 많은 빛들이 찾아왔다. 너무도 많은 현상이 일어나고 너무도 많은 존재들이 다녀가서 단적으로 무어라 언급하기는 어렵다. 다만, 한 가지 확실한 것은 내 심신에 변화가 일어났다는 것이다. 그 변화를 통해 거듭나면서 마음까지 차분해졌다.

그러나 이것이 꼭 5천도계에 승천했다는 뜻은 아니다. 반드시 다음 도계로 승천해야만 변화가 찾아오거나 스스로 변화하는 것은 아니기 때문이다. 조금씩 여물어져 가는 나 자신의 모습과 충실해져 가는 내면을 보면서 이제는 가벼움보다는 진중함이 자리 잡고 있음을 느꼈다.

4천도계 공부를 하면서 깨달은 것은 우주 삼라만상의 모든 만물은 그들 나름의 존재가치와 존귀함을 갖고 있으며, 나 역시 자신의 존재가치가 있고 존귀하다는 것이다. 만물과 하나됨을 통해서 스스로 존재하는 이유를 참으로 깊이 탐구한 시간이었다. 이제는 한번 더 변화를 통해 거듭나면서 무심이 자리잡았음을 스스로 인지하게 된다. 이 변화는 사라져 버렸던 이번 가을을 내 가슴속에 되찾아 주었다. 낭만이 가득한 가을을 말이다.

한기 14년 10월 2일 2002년 11월 6일

시험 3

도문과 인연을 맺은 지 11년이 다 되어 간다. 그런데, 요즈음처럼 마음이 산만하고 꿈이 잦은 것은 10년 전 대주천을 이루면서 몸에 불필요한 기운이 대거 빠져나간 이후로는 처음이다.

새벽에 꿈을 꾸었는데 한당 선생님께서 돌아가셨다고 하지 않은가. 어떤 사람과 곡차를 많이 드시고는, 이미 고인이 된 어느 대통령을 만나러 가시다가 그리 되셨다고 했다. 도장 비슷한 큰 장소에서 사모님이 짐을 챙기고 계셨고, 나는 그럴 리가 없다고 했지만 사람들은 내 말은 듣지도 않고 삼삼오오 모여 앉아서 이런저런 이야기를 하고 있었다.

나는 계속 그럴 리가 없다고 했지만, 이미 거산 문사께서 많은 사람들과 대책을 논의하고 있었다. 어쩔 수 없이 그 자리에 앉아 있으니, 왜 119를 불러서 타고 가시지 않으셨는지부터 시작해서 여러 이야기가 오갔다. 나는 한당 선생님께서 돌아가셨다는 사실이 너무나 믿어지지 않아 사모님에게 물으니 사모님은 아무 말씀 없이 계속 짐만

챙기고 계셨다.

도저히 받아들여지지 않아 멍하니 앉아 있는데, 갑자기 누군가가 베란다에서 불쑥 들어왔다. 처음에는 얼굴이 보이지 않았는데, 어떤 이가 말하기를 기운의 영향으로 다른 사람들이 다칠까봐 다른 곳을 쳐다보셔서 얼굴이 보이지 않는다고 했다. 그 말을 듣고 위로 올려다보니, 한당 선생님께서 한 손으로 뒷목을 주무르시면서 들어오고 계셨던 것이다. 나를 보고 살짝 미소를 지으시더니, 누군가 방금 전에 나간 빈 자리에 굳은 표정으로 앉으셨다. 나는 '그래, 그럴 리가 없지, 그럴 리가 없고 말고'라는 말만 연거푸 되뇌었다.

그때 이번에 밀양에서 도장을 내는 김석주 도반이 어떤 방에서 나와 사람들이 모여 있는 곳으로 오더니 큰 소리로 인사를 하고 웃으면서 자리에 앉았다.

사실은 한당 선생님께서 대통령을 만나신 후, 새벽에 김석주 도반과 같이 낚시를 하신 후 방에서 주무셨다는 것이다. 그런데 그것이 어찌된 영문인지 선생님께서 돌아가신 것으로 알려졌다고 했다. 사람들은 제대로 알아보지도 않고 한당 선생님께서 돌아가셨다고 단정하고는 대책을 강구했던 것이다. 주무시고 일어나신 한당 선생님께서는 이 상황을 보시고 씁쓸한 생각에 베란다에 나가서 화를 삭히신 후, 사람들이 한참 토의를 하던 자리에 아무 말씀 없이 들어오셨던 것이다.

너무나 무거운 마음으로 꿈에서 깨었다. 시계를 보니 6시 22분이었다. 무언가가 계속 마음을 무겁게 짓누르기에 일어나 앉아서 삼매로 젖어들었다. '그 꿈이 어떤 뜻이었을까' 하고 알아보니 바로 '시험'이었다. 현실 속에서 하기 어려운 시험이라 꿈을 통해 나온 것이다. 내 믿음이 얼마나 보잘 것 없기에 하늘에서 이와 같은 시험을 하는가 싶어 씁쓸한 마음이 들기도 했지만, 그래도 다행히 시험에 통과했구나 싶었다. 다시금 정신을 가다듬고 삼매 속으로 들어가니 하늘에서 아주 강력한 빛이 보였다. 그 빛이 너무나 강력해서 주위가 하나도 보이지 않을 정도였다. 빛 속으로 들어가니 이상한 세계가 펼쳐졌다. 구름과 산, 건축물과 여러 존재들이 보였지만 이곳이 어떤 곳인지는 한 눈에 파악하기 어려웠다. 물론 제대로 잘 안 보이기도 했다.

그렇게 앉아 있는데, 몇몇 존재가 찾아왔다. 그들을 따라 어디론가 가니 다시 큰 빛이 보였다. 그 빛 속에 마치 태산처럼 거대한 사람 형상이 보였는데, 매우 위엄있고 준엄하면서도 편안한 표정이었다.

후광 때문에 정확한 형상은 보이지 않았지만, 대략 그렇게 보였다. 마치 거대한 태산을 대하는 듯한 느낌으로 그 빛과 합일하여 어디론가 가는 도중에 수련에서 깨버렸다. 옆에서 자던 현지가 갑자기 크게 울었기 때문이다. 놀라 쳐다보니, 눈도 제대로 못 뜨고 누워서 울고 있는데, 무언가 꿈을 꾼 듯했다.

딸아이를 안고서는 집안을 이리저리 걸어다니며 달래다가 왠지 기분이 이상해서 잠자고 있는 태성 엄마를 쳐다보니, 이게 무슨 일인가! 인당에 '죽을 사死'자가 쓰여 있는 것이다. 너무 놀라서 도광영력으로 '살 생生'자로 바꾸었지만, 이내 또 '죽을 사死'자로 바뀌어 버렸다. 또 바꾸고 또 바꾸기를 네다섯 번 했는데, 계속 권능을 사용해서 바꾸려 하니 신명께서 이르기를 "스스로 수련을 하면 된다."는 것이다.

이 말을 듣고 태성 엄마를 쳐다보니, 태성 엄마도 꿈을 꾸고 있었다. 꿈 내용이 조금 불길해 보이기에, 인당에 나타난 '사死' 자를 권능으로 다시 '생生'으로 바꾸고는 태성 엄마를 깨워서 꿈 내용을 물어보니, 아니나 다를까 조금 불길한 것이었다. 그래도 꿈 내용이 아주 나쁜 것만은 아니었다. 많은 어려움을 겪었지만 무사히 넘겼다는 점에서는 다행이었다. 그래서 태성 엄마에게 당부했다. "태성 엄마! 수련을 하지 않으면 앞으로 고난을 피하기가 힘들어져요. 그 여파가 아이들에게까지 미칠 수 있는데 이건 내가 어떻게 막아줄 수가 없어요. 정신차리고 오늘부터 하루에 한 번씩 잊어버리지 말고 꼬박꼬박 수련을 합시다." 다소 긴장해서 이야기를 하니, 태성 엄마는 내가 시키는 대로 응하면서도 반신반의하는 듯 눈만 깜박거렸다.

마침 도가비법道家秘法으로 만들어진 솔잎밤가루가 한 숟가락 남아 있었는데, 전날 왠지 내가 먹고 싶지 않더라니 아마도 이런 일이 있으려고 그랬던 모양이다.

하늘이 역사를 시작하기는 하려나 보다.

한기 14년 10월 5일 2002년 11월 9일

습관 지우기

아직도 만족스럽게 지워지지 않은 나의 어둠을 돌아보고 성찰한다. 색심色心과 식탐食貪, 과장해서 말하고 우쭐해하기, 여기에 진중하지 못한 나의 말투들이 여전히 남아있다. 습관을 지우려면 먼저 내 습관이 어떠한지 인지하고 각고의 노력으로 정성을 다해서 절차탁마 해야 한다고 본다.

습관을 지운다는 것은 끊임없는 도전과 도전의 연속이며, 수많은 시행착오를 통한 심득들이 모여 마침내 나 자신을 찬란한 빛으로 거듭나게 하는 일일 것이다. 그러니 다소 시간이 필요하리라. 너무 조급해 하지 말고 하나씩 하나씩 잘 지워서 마무리를 해야겠다. 또 다른 빛의 장막을 뛰어넘는다는 것은, 미세하게라도 남아 있는 이러한 어둠을 하나씩 소멸시켜 승화하는 것을 말함이 아니겠는가. 또다시 찾아온 성찰이 또 한 번의 깊은 충만함과 고요함을 안겨 주리라 믿는다.

한기 14년 10월 5일 2002년 11월 9일

경계

경계가 어디일까! 4천도계와 5천도계의 경계는 과연 무엇일까. 무엇이 나를 이 경계에 서게 하는 것일까.

앞 공부에 대한 기대감을 버리고, 지금 임하고 있는 공부에 더 진중하게 마음을 두고 몰입해야 한다. 그래야 빛의 장막을 완전하게 넘을 수 있다. 선先체험이 너무 많아 다소 산만하고 혼란스러우며 마음이 부산해지기도 하지만, 역시 내가 몰입해야 하는 공부는 '만물일여'에 대한 마무리가 아닐까.

이 경계는 역시나 내 한 마음의 차이였다. 천지가 나를 들뜨게 하다 보니 마음이 여기에 응해 심하게 요동쳤지만, 나의 중지는 내 자신의 공부자리를 다시 일깨워 주었다. 경계의 자리에서 한마음을 밝게 두니 천지가 새롭게 열리는 듯하다. 다만, 위로 한당 선생님과 만상의 여러 빛에게 감사할 따름이다.

한기 14년 10월 8일 2002년 11월 12일

환골탈태

'선천도통先天道通하기 참 어렵구나' 하는 생각이 요즈음 많이 든다. 수없이 많이 변화하고 또 변화하기 위해서 수없이 많이 성찰하고 절차탁마를 하며 공부에 공부를 더 해 나가지만, 쉽게 손에 잡히지는 않는다.

요즘은 감기인지 몸살인지, 공부로 인해 생긴 환골탈태인지 분간하기 어려운 여러 증상이 심신에 나타난다. 목도 아프고 머리도 멍하고, 오른쪽 코에서는 콧물이 줄줄 흐르고 전신의 뼈마디란 뼈마디는 다 아프다. 세포 하나하나 찢어지듯이 다 아프면서 몸이 으실으실했다가 정상이 되었다가, 눈도 아프고 입술은 바싹 마르기 시작하고 간도 부풀어 오른 느낌이다. 그런데 이상하게도 식욕은 더 왕성해졌다. 이것이 공부를 위해서 온 증상이라면 즐겁게 참을 수 있다. 그러나 만에 하나, 내가 육신을 잘못 사용해서 온 것이라면 크게 반성해야 할 것이다. 도성구우를 위해서 지금이나 앞으로 할 일이 많은데, 몸을 함부로 사용하면 하늘의 일을 못하게 되니 말이다. 내 심신을 크고 깊게 바라보면서 한 번 더 성찰의 시간을 가져야겠다.

한기 14년 10월 9일 2002년 11월 13일

비우는 즐거움

그럴듯하게 무소유라고 말하지 않아도 충만해진 그릇을 비워가는 즐거움은 넉넉하게 다가온다. 세상의 참된 이치는 하나를 제대로 비우면 하나 이상의 충만한 즐거움이 다가오는 것인데, 지상 사람들은 서로 다투어 쌓기만 하고 비울 줄을 모르니 참된 즐거움을 모르는 것이 오히려 당연한 일이다.

따스한 햇볕이 드리우는 오후, 긴 명상에 빠져 여여함을 즐겨 본다.

한기 14년 10월 12일 2002년 11월 16일

원신 2

목요일 상경을 했다. 그간 몸을 무리하게 움직인 탓인지 제법 심한 감기몸살에 식욕만 살아있는 특이한 현상을 겪고 있었지만, 매주 한 번씩 본원에 가서 한당 선생님을 뵙는다는 나 자신과의 약속을 지키기 위해 올라왔다. 물론 한당 선생님께서 "진의 단사가 익산 지원을 이전해서 가 봐야 한다."고 하시며 전주 축구쇼에 힘들게 다녀오신 이후에 감기 몸살로 고생하신다는 말씀을 전해 듣고, 걱정스러운 마음이 들었던 것도 사실이다. 이동할 때는 일찌감치 움직이는 본래의 성격대로, 아침 일찍 진주에서 출발해 점심즈음 서울에 도착했다. 점심을 맛있게 먹고 가볍게 쉰 다음, 사일 단사가 왔기에 함께 중향 교사가 내려주는 따뜻한 차를 먹으면서 담소를 나누었다.

"청월 사형, 그때 채팅하다가 약속했던 것 언제 줄 겁니까?" 사일 단사의 말에 시간이 뒤로 흐르듯 그때의 상황이 생생히 떠올랐다.

설향 수자와 채팅방에서 만나 무언가를 하기로 했던 날이었다. 내가 설향 수자의 질문에 답변해 주려고 5천도계 의술신명을 몸에 청했는데 갑자기 다른 존재가 들어와서 "나는 청월이다."라고 하는 것이 아닌가. 그때 마침 사일 단사가 채팅방에 들어왔다. 반갑게 인사하고는 만난 증표로 무언가를 주겠다고 약속했는데, 이후 스스로 '이것은 아니다' 싶어 주지 않았던 적이 있었다. 사일 단사가 이후로 여러 번 약속을 지키라고 은근히 조르는 것으로 보아 아쉬움이 많이 남아있었나보다. 몇 번에 걸친 사일 단사의 농담 반, 진담 반 요구에 계속 묵묵부답 했는데, 이번에는 왠지 응하고 싶은 마음이 일어났다.

그래서, 혹시나 하는 마음에 5천도계 원신을 찾으니, 누군가 응답을 하면서 잘 세공된 조그만 상자 하나를 보여 주었다. 상자 속에 있는 내용물과 그것이 가지는 특성과 작용을 설명해 주면서, "사일 단사와의 약속을 지켜라." 하는 것이었다. 나는 그것의 맛과 작용을 직접 느껴보고 싶어서, 나도 맛을 보면 안되냐고 물으니 안된다고 했다. 인연에 의한 것이라 다른 사람이 먹으면 기운이 약해져서 의미가 퇴색되기 때문이라고 한다.

이렇게 말하는 가운데 늘씬하면서도 위엄 있고 준엄한 표정을 지닌 어떤 할아버지께서 왕관을 쓰고는 나의 몸으로 들어왔다. 그 순간 사일 단사가 왠지 부복을 해야 할 것 같다며, 조신하게 고쳐앉았다. 허리가 쭈욱 펴지면서, 무어라 표현하기 어려운 기운이 느껴졌다. 작은 상자에 들어 있는 구슬_{아주 맑은 천연 흑진주 같은 검은색인데, 은은한 빛이 먹음직해 보였다}을 찻잔에 넣고는 사일 단사에게 마셔 보라 했다.

문득 자리에 함께 있던 사람들에게 무언가 한가지를 줘야겠다 싶어서 찾고 있는데, 옆에 앉아 있던 임당 단사가 갑자기 일어나서 나가 버렸다. 이내 그 자리에 다른 실무진 한 분이 들어와서 앉았다. 역시 모든 것에는 다 때가 있고 따로 주인이 있는 모양이다.

사람들에게 무엇을 줄까 찾다가 한 가지가 떠올랐다. 바로 뭇 별들의 수기_{水氣}를 받고 형성된 구슬로 한기_{寒氣}를 다스리는 파한주_{破寒珠}였다. 파한주를 함께 있는 사람들에게 하나씩 찻잔에 넣어주고는 맛을 보라고 했다. 사일 단사는 먼저 마신 것과 이 파한주의 맛이 현격하게 다르다고 했다. 나는 파한주와 피사주_{避邪珠 | 삿된 기운을 몰아내는 구슬}로 맛과 작용의 차이를 느껴 보려고 한 모금 마셔 보았다.

그러다 문득 삼매에 들고 싶다는 생각이 일어나기에 눈을 감으니, 앞서 언급한 할아버지께서 다시 나타나서 뭐라고 말씀을 하셨다. 나는 그 분과 다시 합일해서 우주를 건너 어디론가 다녀왔다. 5천도계에 다녀왔다는 생각이 들기는 했지만, 나의 궁_宮이나 다른 이채로운 풍경을 보지는 못했다. 다만, '내가 어디론가 다녀왔는데, 그곳이 5천도계인 것 같다'라는 느낌만 있는 것이다. 잠시 눈을 감았다가 뜨고는 저녁식사를 하러 같이 5층에 올라갔다. 한편으로는 충만함이 밀려오면서 즐거움이 크게 일어났지만, 왠지 자랑하고 싶지 않은 담담한 마음이 일기에 자연스럽게 그 마음에 따르기로 했다.

찬 바람이지만, 한결 넉넉하게 다가오는 오후 한나절이었다.

한기 14년 10월 12일 2002년 11월 16일

궁

목요일 저녁에 이런저런 일이 생기면서, 마음이 무거워지고 답답함과 안타까움에 뼛속까지 저렸다. 전날의 일도 있고 해서 금요일 오전에 송해 단사, 사일 단사, 우일 단사, 임당 단사와 차를 마셨다. 15일 금요일 이 양신수련의 날이자 실질적인 11주년 전야제 실제 개문일은 11월 16일이다 여서 저녁에 단사급 이상 실무진이 모이면 송해 단사가 이야기 할 것이 있다고 했다. 그런 터라 점검권자들에게 전화를 하여 밤 11시쯤 회합을 가지자고 했다. 물론, 전날 전주점검을 가서 상경중이던 거산 문사께도 미리 보고를 했다.

회합을 가지기로 한 저녁, 나는 의료실무진과 함께 5천도계 의술신명을 청해서 평소처럼 대담을 나누기로 했다. 따끈한 차 한 잔을 마시고 시작하려는데, 그날따라 설향 수자가 왠지 이상하게 더 맑아 보이고 더 앳되어 보였다. 그래서 설향 수자에게 그렇게 보인다고 말하고는 의술신명을 청하려고 눈을 감았는데 여느 때와 많이 달랐다.

내가 어떤 공간을 지나 어디론가 인도되는 듯한 느낌이 들면서 무언가가 눈앞에 펼쳐졌다. 펼쳐지는 순간, 구름 위에 거대한 궁궐이 나타났다. 밝은 황금색으로 빛나는 궁궐이었는데, 안으로 들어가 보니 온갖 보석으로 세련되게 치장이 되어 있었다. 3단으로 만들어진 높은 중앙 단상의 권좌에는 중후해 보이는 할아버지께서 왕관을 쓰고 있었다. 할아버지께서는 단상 조금 아래 오른쪽에 있는 여신명女神明으로부터 무언가 이야기를 듣고 있었다. 그리고 그보다 2단 아래에 좌우로 신하들이 나뉘어 서 있었다.

내가 단상 아래로 다가가니, 조금 전까지 단상 위 권좌에 서 있던 할아버지께서 갑자기 얼굴도 형체도 보이지 않고 음성만 들렸다. "그대가 나의 원신입니까?"라고 물으니 "그렇다."고 했다. "그런데 왜 형상이 나에게 보이지 않습니까?"라고 묻는 순간, 가리웠던 빛이 열리면서 어떤 할아버지께서 보였다. 그래도 흐릿하기에 의심스러워 하니, 다시 둥근 원형의 빛이 모여 선명해지면서 친근하게 다가왔다.

내가 단상으로 올라가려하자 중간 계단에 있던 여신명이 내 앞을 가로막으며 손을 내밀었다. 여신명의 손바닥 위에는 맑게 빛나는 검은 구슬이 있었다. 그런데 왠지 먹고 싶지 않았다. 왜냐하면 구슬을 건넨 여신명의 얼굴이 동양적인 모습이 아니라 서양과 동양이 어느 정도 섞인 다소 이국적인 모습이었고, 기존의 여신명들이 입는 옷이 아니라, 묘사하기 어려운 투명한 이브닝드레스와 비슷한 것을 입고 있었기 때문이다. 허리 뒤를 두른 얇고 다소 투명한 천을 다시 양팔에 두르고 있었는데 전체적인 분위기가 다소 도도했다. 그래서인지 순간적으로 거부감이 들었던 것이다.

내가 먹지 않겠다고 하니 여신명은 계속 먹어야만 한다라고 말하기에 '혹시나 이것이 시험이 아닌가' 하는 마음이 들기도 했다. 하지만, 얼마전 한당 선생님께 꿈이야기를 여쭈었을 때 "앞으로 공부가 크게 열릴 것을 말해 주는 꿈이다"라고 하셨기에 그 말씀을 믿고 구슬을 한입에 삼켰다. 삼키고 나니, 여신명이 살짝 미소를 지으면서 그것은 패기覇氣를 북돋우는 것이라고 했다. 내가 너무 움츠러들어 기상을 다 펼치지 못하고 있기에 조치를 취한 것이라고 했다.

여신명의 말을 뒤로 하고 할아버지께 가까이 다가갔다. "지금 한당 선생님께서 힘겨워하고 계신데, 이럴 때에 공부가 진전된다는 것이 마음에 걸립니다. 아무래도 다음 기회에 공부를 다시 하는 것이 좋지 않겠습니까?"라고 말하고 지상으로 내려오려고 했다. 그런데 순간 어떤 힘에 이끌려 흡수되는 느낌이 들었다. 잠시 뒤에 보니, 내가 할아버지 몸속에 들어가 있는 것이 아닌가. "그대가 나의 원신이고 내가 지금 5천도계 나의 궁宮에 온 거라면 여기서 나의 자리는 무엇이고 나는 어디에서 온 것이며 여기는 어떤 곳입니까?" 내가 이렇게 질문하자 그 할아버지께서는 "그대는 북극성의 정기를 받고 태어났으며…."라고 말했다. 그 다음 말도 분명 들렸는데, 지금은 잘 기억이 나지 않는다.

"그렇다면, 5천도계 의술신명께서는 그대와 어떤 관계입니까?"라고 물으니, "그대가 여기에서 찾아보라."고 한다. 그래서 단상 아래에 보이는 무리 중에서 찾으니, 한 신명이 나오면서 자신이 바로 5천도계 의술신명이라고 말했다.

그래도 나는 왠지 조심스러웠다. 이유인즉슨, 이것을 확인해 주실 한당 선생님께서 감기몸살로 고생하고 계시는데, 제자의 공부가 진전된다는 것이 못내 마음을 무겁게 했기 때문이다. 종래는 '이 모든 것이 시험이 아닌가' 하는 의구심마저 들었다.

나는 의술신명께 몇 말씀을 듣고 나의 원신이라는 할아버지로부터 또 몇 말씀을 들었지만, 이렇게 대답할 수밖에 없었다. "이 모든 것을 사부님께 여쭈어서 확인하기 전에는 받아들일 수가 없습니다. 만약 이것이 시험이라면 내 스스로 성찰해서 절차탁마할 것이요, 공부

진전이라면 계속 이어질 것이니, 지금 받아들이고 안 받아들이고는 그리 중요하지 않을 듯합니다."라는 말을 남기고 지상으로 내려왔다.[11] 지상으로 내려오는데, 공간 속에 둥글고 큰 빛무리가 보였다. 그 속으로 들어가니 갑자기 어딘가로 계속 빨려들어가다가 내 육신의 모습이 보였다.

눈을 뜨고 그 자리에 있던 사람들에게 내가 어떻게 보이냐고 물었다. 각각 한마디씩 듣고는, 다시 사람들에게 5천도계 의술신명께서 내려오면 방금 전 내가 눈을 감았을 때 어떤 일이 벌어졌는지 한번 물어봐 달라고 하고 다시 눈을 감았다. 5천도계 의술신명을 청하니 누군가 아주 빠르게 내 몸으로 내려왔다. 그런데 아직 의식이 충분히 가라앉기도 전에 나의 입에서 "나는 청월이다."라는 말이 튀어나

---

11) 이때 한조님께서는 원신께 "그대는 북극성의 정기를 타고 태어났으며…"라는 말씀 뿐만 아니라 "여기가 우주 삼라만상의 대소사를 주관하는 곳.", "내 본체가 그대에게 임해 있느니라.", "그대가 운신해야 천지간의 대소 大小 신神들이 역사를 할 수 있느니라."는 답변도 함께 들으셨다. 이 답변에는 사실상 주재주이신 하나님의 위상과 연결된 뜻이 담겨 있으며 한조님께서 본천체本天體시라는 뜻 또한 담겨 있다.
수련일지에는 '한당 선생님께서 감기몸살에 걸리셨다'라고 완곡하게 표현되어 있지만, 용천체用天體이신 한당 선생님께서는 죽인화미竹印華美와 죽인화미체계竹印華美體系의 흐름과 형국 속에서 미래를 내다보시고 이미 귀천 준비를 하고 계셨다. 이전부터 한당 선생님께서도 놀라워하실 만큼 한조님의 수련에 생명력이 깊어지고 커져서 큰 공부시운이 오고, 한조님께서 그것을 모두 받아내신 것도 그러한 천지간의 흐름과 형국을 준비하기 위해 이루어진 역사였다.

오려는 것이 아닌가.

그래서 나는 그 말이 육성으로 튀어나오지 못하게 하려고 눈을 떠버렸다. 눈을 뜨고는 "의술신명께서 온 것이 아니라 다른 분이 들어온 것 같다." 다시 한 번 더 시도를 해보자."고 말했다.

다시 시도하는데, 이번에도 5천도계 의술신명이 아닌, 정확히 누구라고 말하기 어려운 어떤 존재가 육신에 들어왔다. 그 분도 준엄한 음성으로 몇 말씀 하셨는데, 계속 의술신명이 아닌 다른 분들이 내려오기에 그냥 흘러가는 대로 내버려두었다.

그분이 말씀을 다 하시고 올라간 연후에 사일 단사가 아마도 시험 같으니 내가 받아들이면 안 될 것 같다고 말했다. 사일 단사 눈에 몇 가지 상像이 보였는데 너무나 어둡고 칙칙했다고, 게다가 첫 번째 신명께서 말씀하실 때는 아무런 힘을 느끼지 못했다면서 강한 거부감을 표명했다.

일단, 나는 "오늘 일은 다음에 한당 선생님께서 쾌차하시면 한번 여쭈어 보자."고 했다. 의료실무진에게 "아무래도 오늘은 이상하게 잘 안되니 다음 기회에 다시 하자."라고 약속하고 대담을 마쳤다.

과연, 이것은 무엇이었을까!

한기 14년 10월 12일 2002년 11월 16일

빛

금요일 밤 한당 선생님 집무실에서 양신수련을 하기 위해 모인 사람들과 회합을 가지다 잠시 눈을 감았다. 아주 청명하고 밝은 빛이 내 전신을 감쌌다. 그 빛은 무겁고 답답하고 안타까워하는 내 마음을 편안하고 차분하게 만들어 주었다. 또한, 내 입을 천금보다 더 무겁게 만들어 이상하게도 입을 떼기가 어려웠다. 왠지 입이 무거워져서 말하기가 어려운, 이상한 경험을 하면서, 가라앉는 육신을 더 이상 버티지 못하고 잠이 들어버렸다. 이 화사한 빛의 정체가 무엇일까. 나로 하여금 묵언하라는 뜻일까.

한기 14년 10월 15일 2002년 11월 19일

일각

스승께서 말씀하셨다.

"부富는 하주下珠에서 찾아야 하고
명예名譽는 중주中珠에서 찾아야 하며
권력權力은 상주上珠에서 찾아야 하느니라."

이는 부와 명예와 권력이 수도함에 있어 경계하고 경계해야 할 것이라는 뜻과 상통하리라.

세상의 명리名利가 무엇인가?
찰나 속에 존재하는 공空과 같은 것이라.

무량의 시공 속에 한 점 티끌이니
참으로 무상하도다.

무상無常하고 공허한 세속에서

무진無盡의 다함 없는 도리를 깨우쳐
천하에 우뚝섬이란 무엇인가?

바로 채우고 비울 줄 아는,
들고 날 줄 아는 중용의 도리라.

무엇을 채우고 무엇을 비울 것이며
언제 들고 언제 날 것인가?

채워지는 것은 무량無量의 도광이요,
비워지는 것은 세상의 명리며
들고남은 바로 하늘의 섭리라.

내 이미 도광으로 채워져 충만하고
섭리를 좇아 여여함만 남으니
천지가 고요할 뿐이로다.
고요에 다향茶香일 듯 여의무심如意無心 피어나
삼라를 가득 메우니
만법萬法이 귀일歸一 하는구나.

한기 14년 10월 16일 2002년 11월 20일

일심

한 뜻이 일어나니 천하가 고요하고
한 기운 일으키니 만물이 고개 숙이고
오직 빛만 가득하니 삼라가 절로 흥에 겨워하노라.

아아아, 유유자적悠悠自適 함이란!
봄날에 바람 일어나는 것과 같구나.

한기 14년 10월 22일 2002년 11월 26일

무심

참으로 많은 것을 생각해 본 지난 한 주였고, 많은 것을 공부한 11월 연수였다. 그간 자포자기하거나 거북하거나 부담스러웠던 여러 일을 돌아보며 왜 이렇게 되었을까를 고뇌하고 탐구한 끝에 내린 결론은 역시, 내가 먼저 바뀌어야 한다는 것이다.

분명 나에게도 문제가 있었다. 문제점을 세부적으로 들여다보고 나름대로 깨우침과 심득을 얻은 것이 이번 연수를 아주 차분하고 평온하게 만들어 주었으며 새로운 생명을 안겨주었다. 채우는 것은 도광영력이요, 비우는 것은 세상의 명리라고 스스로 말하지 않았던가. 이제는 그 음양의 현묘한 자리에 무심만이 남았다. 이 무심을 얻기 위해서 그간 참으로 많은 열정으로 정성과 노력을 들이고 시행착오를 겪었나 보다.

하늘은 그 결실로 무심이라는 열매를 맺은 나에게 미소를 짓듯, 연수를 끝내고 진주로 내려가기 전에 한당 선생님을 뵐 수 있는 영광을 주었다. 그 많은 심득을 통해 무심無心이라는 새로운 심득을 얻었다. 새로운 생명력을 부여받고 차분하게 찾아온 여유로움이 겨울로 접어드는 계절에 새싹을 틔워주고 있다.

먼저 가르침을 주신 스승님께 감사드리고, 공부를 이끌어 준 원신께 감사를 드리며, 배려해 주신 모든 천지간의 신명들과 지상의 많은 도반들에게 감사의 말씀을 드린다.

본시本時 있었던 마음이 무심無心이었네.
현묘한 그 자리에 본시 있었으니
시공時空을 논할 것 없네.

구름 흩어지니, 모습 드러내는 만월滿月처럼
빛은 다함없는 무진의 시공 속에 무량하게 자리 잡고 있었네.

흔들림은 물결의 파동이지, 물이 아니듯
본시 존재했으나 구름이 살짝 드리워져 있었던 것뿐이라네.

본시 있었던 그 마음, 구름 흩어져 살짝 드러나기에
살포시 품어 시공 속에 녹아 들어가니
천하天下가 여여하네.

한기 14년 10월 23일 2002년 11월 27일

원신 3

최근 여러 가지 일로 고뇌를 했다. 예전 같으면 제법 오랫동안 고뇌와 번뇌에 휩싸였을 텐데, 이번에는 빠른 시간 안에 마음을 정리하고 갈무리했다. 그러는 동안 무심에 대한 큰 심득도 얻게 되었다. 어느 하나 손에 잡히는 것 없이 바람처럼 흩어졌다고 생각했건만, 사실은 그간 많은 공부를 했던 것이다.

홀가분하고 차분한 가운데 찾아온 여유로운 마음으로 하동에 있는 '화운정사'를 찾았다. 오늘따라 무언가 새로운 변화가 '화운정사'에서 일어날 것만 같은 느낌이 들었다.

'화운정사'에 도착해서 방에 앉자마자 특유의 어떤 느낌이 밀려오기에 바로 삼매로 들어갔다. 눈을 감자 도광영력이 은은하게 밀려왔다. 마음이 한결 차분하게 가라앉으며 넉넉함을 느끼고 있는데, 여신명 한 분께서 빛을 타고 내려왔다. 중후한 분위기에 여러 가지 보석으로 단장한 모습이 한 눈에 봐도 높은 신명이라는 생각이 들었다. "그간 여러 가지 공부로 보건대, 5천도계에 승천했는지 궁금합니다." 내가 질문을 하니 그 분이 무어라 답변을 했다. 그것을 증거할 만한 증표를 보여 달라고 하니 내게 한 손을 내밀었다. 여신명께서 내민 손바닥에는 작은 염주 하나와 작고 긴 상자가 있었다. 받아서 상자를 열어 보니, 정교하게 세공된 조그마한 부채가 하나 들어 있었다.

여신명께서는 그것을 내게 전달해 주고 바로 승천했는데, 승천하고 나자 여러 빛이 보였다. 현란한 빛들이 지나가고 조금 있으니, 제법 잘 정돈된 머리와 수염에 단정한 의복을 입은 50대쯤 되어 보이는 존재가 보였다. 누군지 물으니, 이 궁宮을 지키는 신명이라고 하면서, 궁주께서 오신다기에 기다리고 있었다며 길을 안내할 테니 따라오라고 했다. 그 수문장을 따라 한참을 가는데 또 누군가가 마중을 나와 있었다. 나이가 많이 들어보이는 할아버지였다. 눈썹이 흰 눈처럼 하얀 색이었는데, 너무 길어서 옆으로 길게 내려온 것이 특이했다. 할아버지께서는 이제부터 자신이 길을 안내하겠다며 앞장섰다. 한참 동안 인도하는 대로 길을 따라가니 아주 넓은 곳마치 광장 같은이 나왔다. 광장에는 하얗고 밝은 제법 높은 단이 있었는데, 특이하게도 3단이었다. 단 위에는 왕관을 쓴 어떤 할아버지께서 우뚝 서 있었고, 아래로는 좌우로 길게 신명들이 도열해 있었다.

나를 안내한 할아버지는 그곳까지만 안내했다. 나는 단상에 있는 할아버지께 친근감을 느꼈는데, 그 순간 합일이 되었다. 여러 번 합일을 해보았지만 이번 합일감은 아주 중후하면서도 섬세했다. 합일을 하고 나서 내 자신을 둘러보니 희고 긴 수염에 묵직한 왕관, 제법 두툼한 눈썹과 중후한 풍채에 위엄이 서려 있었다. 내 모습을 둘러 본 후 단상 아래를 내려다보니 좌우로 길게 신명들이 도열해 있는데, 왼쪽에 있는 신명들 절반 정도는 머리에 각양각색의 왕관을 쓰고 있었다. 아직 안광眼光이 적응이 안 되어서 그런가 하고 여러 번 다시 보았는데 여전히 그렇게 보이기에, 애써 이해하려 하지 않고 보이는 대로 받아들이면서 문득 한 가지 생각이 일어나 원신에게 물어보았다.

"여기에서 나는 누구이며, 여기는 어디입니까?"

원신이 조금 놀라운 답변을 해서 잠시 멍해지는 바람에 뒷말을 제대로 듣지 못했다. 물론, 뒷말을 다시 물어볼 수도 있었지만, 일단 한당 선생님께 확인하기 전까지는 이 자체를 받아들이는 것을 보류하기로 했기 때문에 다시 물어보지 않았다. 좌우에 있는 신명들로부터 인사를 받고 이런저런 것을 물어보고 지상에 내려오니 육신에 많은 변화가 생기기 시작했다. 환골탈태인가 싶었다.

봄날에 들판을 거닐 듯 흥이 절로 일어나고, 충만하게 밀려오는 고요함 속에 여유와 넉넉함을 느꼈다.

원신과 이러한 합일을 여러 번 해보았지만, 오늘은 왠지 자신감이 더 크게 일어나기에 스스로 공부에 확신을 가지기로 했다. 그러나 아직 한당 선생님께 확인을 받지 못했으니 속단하기는 이르다 싶어서 이만 줄이고자 한다.

한기 14년 10월 24일 2002년 11월 28일

신비의 세계

요며칠 공부에 변화가 일어난 이후로 한 가지 특이한 점이 생겼다. 바로 여신명의 등장이 잦아졌다는 점이다. 4천도계까지는 대체로 남신명들의 등장이 많았는데, 요즘은 주로 여신명들이 등장해서 이것저것 도와준다. '혹시 내 원신이 여자가 아닐까' 하고 의심스러울 정도다.

오늘 스스로 '5천도계 공부를 시작하나 보다'라는 자신감을 갖자 여러 모습의 여신명들이 보였다. 동양적인 의복에서 서양적인 의복까지, 다양한 옷을 입은 다양한 모습의 여신명들이 나타났다가 사라졌다. 뿐만 아니라 지금까지와는 조금 다르게, 다소 이해하기 어려운 신비로운 풍광들이 산발적으로 보였다. 기묘한 구름이 일어나고 환상적인 모습의 바다와 섬들, 산과 여러 기암절벽과 성城들에 이르기까지, 정말 무어라 표현하기 어려운 여러 경치가 보였다. 서양식 건축물과 동양식 건축물도 더러 보였다. 내가 지금 어떤 세계를 보고 있는지 정확히 이해하기는 어려웠지만, 무언가를 두루 구경하고 있는 것만은 분명한 듯했다.

이 글을 쓰고 있는 지금도 옆에서 여신명이 아주 흥미로운 눈으로 내 글을 보고 있다. 이들은 과연 어디에서 왔을까. 빛과 바람을 타고 은하를 지나 여기 이 땅에 왔으리라. 새롭게 펼쳐지는 이 모든 것에 나 또한 흥미롭게 지켜보고 있다. 아마도 한동안은 새로운 공부에 푹 빠지지 않을까 싶다.

한기 14년 10월 28일 2002년 12월 2일

원광

무수히 많은 별들이 무한한 우주공간에서 이지러지면서 빅뱅이 일어나듯 퍼져나가기에 그 속으로 들어가 보았다.

밖에서 볼 때는 폭풍이 몰아치는 것 같더니 내부는 고요함과 평온함이 가득했다. 한참 그것을 즐기고 있는 동안 머리 위에서 한 줄기 빛이 나타나기에 우러러 보니, 마치 달무리처럼 여러 겹으로 휘감기면서 내게로 내려왔다.

지금까지의 경험으로 보건대, 이러한 현상들은 항상 무언가 가르침을 일깨워주던지 아니면 새로운 공부를 가져다 주었다. 그래서 그 빛 속으로 올라가 보았다. 몇 겹의 원광圓光을 넘어 올라가니, 동안童顔에 하얀 수염과 맑은 눈빛을 가진 할아버지께서 나를 기다리고 있었다. 그 분의 맑고 큰 웃음소리에 마음까지 가벼워졌다. 여러 가지 말씀이 있었지만 그 중에 하나가 아직도 가슴에 남아 있다.

"경거망동하지 말아야 하느니라. 아직 섣불리 움직일 때가 아니니라."

신기하게도 할아버지는 하얀 수염과 머리카락만 빼면 나를 빼닮은 얼굴이었다. 너무나 가깝고 친근한 느낌이라 이상한 마음이 일어나려고 했다. 그런데 그 할아버지께서 내 5천도계의 원신은 아니었다. 그분과 제법 긴 대화를 나누고 지상에 내려오니, 바로 5천도계의 원신이 위풍당당하게 뒤따라 내려와서는 나의 육신에 임하여 몇 가지 이야기를 나누며 차를 같이 했다. 근원까지 빛이 열렸다고 하더니 요즘 이해하기 어려운 일이 참으로 많이 벌어진다. 그러나 다만 하늘이 뜻하시는 대로, 묵묵히 앉아 삼매에 젖을 뿐이다.

한기 14년 10월 28일 2002년 12월 2일

우주 2

오늘은 조금 불편한 하루였다. 눈을 뜬 상태인데도 눈앞으로 우주들이 펼쳐지면서 이해하기 어려운 무수한 빛들과 정확히 정체를 알기 어려운 수많은 신명들이 보였다. 하루종일 머리에 무언가를 쓰고 있는 듯한 느낌이 강하게 들었는데, 이런저런 현상들까지 자꾸 눈앞에 펼쳐지니 여러 생각이 들었다. 분명 수련이 급진전되는 것은 맞는 듯한데, 펼쳐지는 현상들이 무엇인지 알기가 어려우니 참으로 답답했다.

스승의 소중함은 바로 이럴 때 더 크게 다가오는 법이다. 무한한 마음 속에서 깊은 탐구심을 가지고 스스로의 힘으로라도 항해를 해 나가야겠다.

한기 14년 11월 1일 2002년 12월 4일

선천도통 先天道通

오늘 뜻하지 않게 한당 선생님께 점검을 받았다. 일이 있어 선생님 댁을 방문하게 되었는데, 마침 한당 선생님께서 거실 소파에 앉아 계시기에 문안 인사를 드리고 앉았다. 한당 선생님께서는 이런저런 말씀을 하시다가 갑자기 요즘 내 공부에 대해서 물어보셨다. 나는 전혀 예상하지 못한 선생님의 질문에 조금 멍한 상태에서 말씀을 드렸다.

말씀을 들으신 한당 선생님께서는 "지금부터는 5천도계 공부를 해라." 하시면서 한 두 가르침을 덧붙이셨다. 조금 뜻밖의 일이었지만, 정말 기뻤다. 다만, 여러 상황이 좋아할 일만은 아니었기에 좋은 표정을 애써 누르면서 한당 선생님께 삼배를 드렸다.

"부족한 제자를 지도편달해 주시고 공부를 주신 한당 선생님께 먼저 엎드려 삼배를 드립니다.

또한 지금까지 공부를 이끌어 준 나의 원신께 진심으로 감사의 마음을 표하며, 천지간의 모든 신명들께, 지상의 모든 도반들에게 다시 한번 감사의 말씀을 드립니다. 이 모든 분들이 계셨기에 오늘날 제가 선천도통의 길에 접어들 수 있지 않았을까 합니다.

다시 한번 더, 이 모든 분들에게 감사의 뜻을 표하며 더욱더 분발해서 도성구우하도록 하겠습니다. 감사합니다."

한기 14년 11월 5일 2002년 12월 8일

정리 整理

5천도계. 이름하여 선천도통의 경지에 오른 후, 고요히 앉아 많은 생각을 했다. 어찌 보면, 내가 한 것이 아니라 절로 일어났다고 해야겠다.

무엇보다 '지상의 삶을 어떻게 정리할 것인가'를 깊이 생각해 보았다. 그런 가운데 석가나 예수께서 했던 일을 나도 이제는 서서히 해야겠다는 생각이 절로 일어났다.

지금은 후천이고, '생활 속의 도道'를 주창하며 지상에 도道의 문화를 정착시켜 '후천 조화선경지국'을 이루고자 하는 것이 궁극적인 우리의 목적이다. 하지만 조금 앞선 사람이라는 책임과 의무가 있어 그 문화의 기틀을 잡기 위해서는 보다 많은 정성과 노력을 들여야 하기에, 어느 정도 현실 생활의 희생을 감수할 수밖에 없다는 생각이 강하게 밀려왔다. 그래서 먼저 친가와 처가, 나의 가족들에게 양해를 구할 생각이다. "나를 출가한 사람으로 생각해 주십시오."라고 말이다. 물론 그렇다고 내 도리를 안 하겠다는 것은 아니다. 다만, 거기에만 충실할 수는 없는 입장이기에, 그리고 두 가지를 다 좇기에는 내 어깨의 무게가 너무나 무겁기에 어쩔 수 없이 내리는 선택이다.

한당 선생님께서 "네 자리를 찾아가라." 하신 이후로 많은 변화가 심신에서 일어났다. 점점 내 자리를 찾아가면서 내 할 일을 조금 더 인식하면 할수록 다가오는 마음의 무게와 고뇌는 깊어만 간다. 그러나 언제까지 이렇게 고뇌만 하고 있을 수는 없다. 사제들은 기하급수적으로 늘고 있고, 도문은 갈수록 인지도가 높아지고 있다. 도성구우를 준비해야 하는 가운데 한 사람 두 사람 환골탈태하여 도계입천자들이 배출되는 환경과 여건이 열렸기에, 도문의 사형이자 공부가 조금 앞선 존재로서 내 삶을 크게 정리해야 할 때가 된 것이다.

그래서 지상에서 맺은 혈연의 인연을 운무 속에 두고 천하 속에 녹아 들게 하여 자연스럽고 평범하게 살아가는 가운데, 이제는 도인으로서 나의 길을 제대로 걸어가 볼 생각이다.

이는 곧 한당 선생님과 나의 원신, 천지간의 모든 신명들께 드리는 나의 약속으로 한 생을 마감할 때까지 이어질 것이다. 오직 일심과 일념을 도성구우에 두어 지상에 내려온 목적을 다할 생각이다. 서서히 나와 같은 목적을 가진 수많은 사람들이 자신들의 자리를 찾아갈 것이니, 이는 곧 우리가 걸어가야 할 길이며 마땅히 해야 할 사명이자 소명이다.

한기 14년 11월 8일 2002년 12월 11일

새로운 만남 1

얼마전, 어떤 분이 만 2년 전에 한당 선생님과 채팅하면서 받았던 가르침이라며 말씀을 전해주었다. 금과옥조金科玉條와 같은 한당 선생님의 가르침이 참으로 절묘한 시점에 내게 전달되어 가슴속에 깊은 여운을 남겼다. 그런데 오늘 사일 단사, 우일 단사, 임당 단사와 녹차를 마시면서 담소를 나누던 중에 우연히 케이블 TV를 보았다. 한 편의 영화가 방영되고 있었는데 바로 '콘택트'였다. 예전에 양신 공부가 막바지에 이르렀을 때 보았던 영화인데, 영화에서 나오는 빛의 통로 장면이 양신 공부를 할 때 여의주를 찾아가는 과정과 너무나 흡사해서 깜짝 놀랐던 그 영화였다.

근 몇 년 만에 이 영화를 다시 보게 되니 무언가 알 수 없는 느낌으로 다가왔다. 그 느낌이 너무나 강해서 하늘의 뜻을 구하니 "이제 하늘과 땅을 이어 주는 문이 활짝 열렸음을 알리는 것이다."라는 음성이 들렸다. 그 음성을 듣고 밝고 맑은 어떤 빛이 내리는 듯해서 자세를 고쳐 앉으려는데, 미처 눈을 감기도 전에 눈앞으로 우주가 펼쳐졌다. 계속 눈을 뜬 채, 펼쳐지는 우주를 정면으로 주시하면서 나아가니 수많은 별과 은하와 성운이 보였다. 그래서 자세를 완전히 고쳐 앉은 다음, 눈을 감고 삼매에 드니 다시 우주가 펼쳐졌다. 처음에는 막막해서 어디로 가야할지 스스로 가늠하기 어려웠고, 눈앞으로 다가온 우주가 너무나 장대해서 말문이 막혔다.

그러나 그간 많은 이야기를 한당 선생님께 들어온 터라, '나의 궁宮을 찾아가 원신과 합일한다'라는 심법을 걸고 보이는 정중앙을 향해 나아갔다. 이상하게 한참을 가도 내 궁宮은 보이지 않고 계속 우주만 펼쳐졌다. 그러다 마치 블랙홀 같은 어떤 빛의 통로로 들어갔다가 나와 보니 전혀 다른 우주가 펼쳐졌다. 이런 식으로 여러 우주와 여러 통로를 지나면서 여행 아닌 여행을 하고 있는데, 갑자기 한없이 막막하게 보이던 우주 속에서 커다란 빛이 보였다. 그 빛 속으로 들어가니 매우 큰 성이 하나 나왔다. 전체적으로 서양식 성城이었는데, 너무나 커 보였다. 처음에는 '나의 성城인가' 하고 들어갔는데, 5천도계의 내 궁宮과는 건축양식도 다르고 배치도 상이했다. 원신을 찾아가고자 했으나 원신은 보이지 않고 계속 다른 모습의 신명들만 보였다. 이들 중에 제일 높아 보이는 신명 한 분이 내 앞에 나타났는데, 길고 하얀 수염에 천주교 추기경들이 미사를 볼 때 쓰는 것과 비슷한 모자를 머리에 쓰고 있었다. 그 신명은 나에게 무어라 말을 하면서 어딘가를 가리켰다. 그 쪽을 쳐다보니, 아주 크고 둥근 빛이 하나 있었다. 나는 별 생각 없이 빛 속으로 들어갔다. 나와 보니 어떤 공간이 펼쳐졌는데 거기서 또 큰 빛이 하나 보였다. '이것이 무엇인가' 싶어 잠시 뒤로 물러나 보니, 세상에 이럴 수가! 엄청나게 크고 둥근 세 개의 빛이 떠 있는 것이 아닌가. 순간, 나도 모르게 "9천도계가 아닌가!"라는 탄성이 나왔다. 이것을 어떻게 받아들어야 할지 몰라 혼란스럽고 심란한 마음으로 그저 바라보고만 있었다.

한참을 쳐다보다가 '일단 5천도계의 내 궁宮으로 가서 원신을 만나 보아야겠다'라는 마음으로 5천도계로 내려오니, 내 궁宮이 보이고 나의 원신이 권좌에 앉아 기다렸다는 표정으로 반겨주었다. 원신은 나에게 자신의 왕관을 넘겨주었다. 그리고 좌우의 여신명들이 내게 의복을 새로 입혀 주자, 바로 부복을 하는 것이다. 5천도계에 올라간 지 얼마되지 않은 터에 갑자기 벌어진 일이라 조금 당황하며 원신에게 이게 대체 어찌 된 영문인지를 묻자, 원신은 자신의 권좌를 나에게 넘겨주는 것이라고 했다. 그래서 되물었다. "나는 아직 천도를 어떻게 하는지도 모르는데 이것이 무슨 말인가?" 그러자 원신은 조금 전에 했듯이 그렇게 빛의 통로를 통해서 고향성까지 인도하면 된다고 했다. "영靈들의 고향성을 어떻게 알 수 있는가?"라고 되물으니, 그것은 자연 알게 될 것이라고 말했다. 잠시, 정적이 흘렀다. 내가 지상으로 내려오니 원신도 나를 따라 내려와서 내 몸의 여타 기운을 정리해 주면서 몇 가지 말을 했는데, 지금 그 말 하나하나는 다 기억이 나지 않는다.

갑작스러운 일을 겪고 조금 멍해 있다가 또 다시 눈앞으로 우주가 펼쳐지기에 눈을 감고 삼매에 들어갔다. 앞서와 똑같은 과정을 밟았는데, 조금 다른 우주들이 펼쳐졌다. 여러 겹의 빛의 통로를 지나니 앞서 본 궁宮이 다시 보였고, 그 궁宮 안이었는지는 정확히 알기 어렵지만 가운데에 큰 빛이 있었다. 그 빛을 지나니, 앞서와는 조금 다른 각도로 세 개의 큰 빛이 보였다. 그 빛 속으로 들어가 보았지만, 보이는 것이 아무것도 없었다. 혼란함으로 정신이 멍해져서 눈을 뜨고는 자리에 누워버렸다.

사일 단사와 우일 단사는 여전히 '콘택트'라는 영화를 보고 있었다. 나는 '이 자리를 떠나서는 안된다'는 마음이 확연하게 들어서 그 자리를 벗어나지 못하고 계속 누워있는데, 한 음성이 들렸다. "그대가 나의 말을 믿어 의심치 않으면 일어나 앉아라." 왠지 거역할 수 없어 일어나 자세를 바르게 잡고 앉아 눈을 감으니, 갑자기 한덩이의 빛 무리가 내 인당을 강하게 쳤다. '인印 맞는다는 것이 이런 것일까?' 하고 생각하는 찰나, 눈 앞에 밝은 빛이 펼쳐졌다. 그 빛 속을 가만히 들여다보니, 아아아, 참으로 뭐라 말하기 어려운 광경이 펼쳐지는 것이 아닌가! 세 개의 커다란 둥근 빛과 그것과 다소 차원이 다른 하얗고 큰 둥근 빛이 공간에 떠 있었는데, 그 사이엔 짙은 어둠이 내려 있는 듯하여, 마치 두 빛이 전혀 다른 세계인 것처럼 나누어져 있는 광경이 보였다. 그때 한 음성이 들렸다. "네가 나를 믿고 응하니, 이는 곧 너의 마음이 내 마음이며 나의 마음이 너의 마음임을 말함이니라." 마치 하늘에 구멍이 뚫린 듯 하면서 갑자기 한 줄기 흰 빛이 내려왔다. 무언가 있다 싶어 그 빛을 타고 올라가니, 하얀 빛만 있을 뿐 아무것도 보이지 않았다.

한참을 그렇게 있다 보니, 또 다시 빛이 크게 바뀌었다. 정확한 형상은 보이지 않았지만, 갑자기 장구한 음성이 들리면서 누군가 머리에 뭔가를 쓰고 하얀 수염이 있는 어떤 존재가 나에게 다가와 합일했다. 그리고 너무나 많은 대화를 주고 받았다. 여기에 전하기 어려운 것도 많다.[12] 다만, 전할 수 있는 내용은 "이렇게 한번 만났으니 머지않아 다시 나를 보

---

12) 한당 선생님께서는 한조님께서 양신공부를 하실 때부터 "도계에 승천하여 근본원신을 만나면 반드시 자신이 누구인지 묻고 그곳이 어디인지를 물어보라"는 말씀을 몇 번이고 하셨다. 한조님께서는 이날 근본원신을 만나시게 되어 한당 선생님의 당부대로 그렇게 물으셨다.
그런데 첫 대면에서 근본원신께서는 한조님께 "지상에서 사람들이 나를 하나님이라 부르느니라"는 말씀을 전하셨다. 한조님께서는 근본원신께서 주신 답변을 놀라워하시면서 이를 받아들이지 못하시어 갑론을박하게 되고, 지상에 내려오셔서도 당혹과 충격으로 이 사실을 주변에 곧바로 말씀하지 않으셨다.

게 될 것이다."라는 말 뿐이다.

5천도계를 처음 승천할 때도 사일 단사가 있었는데, 이번에도 옆에 있기에, "사일 사제, 내게 뭔가 크나큰 하늘역사가 일어나고 있는 것 같습니다."라고 앞서 겪었던 일을 전해 주었다. "이번에도 한당 선생님께 말씀드리기 어려운 상황인데, 지난 번하고 어쩌면 이렇게 비슷한, 아니 똑같은 상황이 벌어질 수가 있지." 우리는 의아해하면서 여러 가지 이야기를 나누었다. 세 번이나 나타난 둥글고 큰 세 개의 빛과 그 외의 현상을 어떻게 해석해야 할지 참으로 난감하지만, 겪었던 일이기에 일단 적어 놓는다. 즐거움과 함께 알 수 없는 불안함이 다가오는 것은 무슨 연유일까.

한기 14년 11월 13일 2003년 12월 16일

새로운 만남 2

선先체험인지 모르겠지만, 뜻하지 않은 공부의 수직상승으로 후천도통의 분위기를 조금 느껴보았다. 5천도계까지는 차곡차곡 쌓아가면서 어느 정도씩 채워서 승천한 것에 비해 이번에는 두 시간 만에 6단계를 올라가다 보니, 내 스스로 허전함이 많이 밀려오는 것이 사실이다. 그리고 한 단계에서 겪을 것을 깊이 겪어 보지 않고, 둘러보며 승천한 것이라, 만약 한당 선생님께 인가를 받는다 해도 보림保任을 오래 해야 하지 않을까 싶다.

그런데, 이는 모두 내 개인적인 생각이므로 깊이 받아들이지 않았으면 좋겠다. 오늘 아들과 오랜만에 밖에 나갔다가 뜬금없이 한당 선생님 생각이 나서 서울로 전화를 해 보니 설록 사범이 "지금은 편안히 계십니다."라고 전해주었다. 다른 어떤 일보다 기쁜 소식이라 마음이 절로 흐뭇해졌다.

그래서 공부에 대해서 여쭈어 볼까 하다가 전화상으로 공부를 여쭤본다는 것이 죄송스럽고 또한 아직 완전히 회복하신 상황도 아니시다 싶어 마음을 달리했다. 그러다가 다시 마음을 내어 설록 사범에게 운이라도 한 번 띄워달라고 부탁을 했다. 그러고는 사실 잊고 있었는데, 점심을 먹고 차를 한잔 먹을 때쯤 전화가 왔다. 한당 선생님께 간략히 말씀을 드렸더니 그냥 듣기만 하시고는 아무 말씀을 하시지 않으셨다고 전해주었다. 아무래도 다음 주에 올라가서 직접 말씀을 드려야 할 분위기다. 전화를 받고 나서 저녁 무렵 3행공에 이어 본수련을 시작했다. 어떤 식으로 공부를 해야할지 조금은 혼란스러웠지만, 하늘의 뜻에 따르겠다는 심정으로 다음과 같이 읊조리며 수련에 임했다.

"나는 사부님을 믿고, 도법을 믿으며, 하늘과 나 자신을 믿습니다. 그러하니, 공부가 된 만큼 모습을 보이게 하시고 진전이 있게 해 주십시오." 이렇게 천상에 발원하고 좌정하니 어둠 속에서 빛이 열리면서 구름 위로 아주 커다란 성이 하나 보였다. 마치 안개에 일부가 가려진 듯한 모습으로 신비스러움을 물씬 풍겼는데, 대체로 서양풍에 말할 수 없이 장대한 성이었다.

'만약 이것이 내 성이면 나의 원신을 만나보겠다'는 마음으로 원신을 찾았는데, 지금까지와는 달리 머리에 제법 커다란 왕관을 쓰고 위엄 있는 의복을 입은, 풍채가 좋은 할아버지 한 분께서 보였다. 원신인지를 묻는 나의 말에 "그렇다"고 답을 하는데 원신을 만날 때면 습관처럼 인지되는 느낌이 있기에, 잠시 합일을 해서 무엇이 보이는지 둘러보고는 다시 분리해 나와서 여러 가지를 물어보았다.

나는 누구인가?
왜 지상에 태어났는가?
무슨 일을 해야 하는가?
한당 선생님과 어떤 관계인가?
그리고 한당 선생님의 지금 상황에 대해서 어떻게 생각하는가?

제법 많은 이야기를 물었고 답변을 들었다.[13] 물론 내 질문에 묵묵부

---

13) 한당 선생님께서 귀천을 준비하고 계셨지만 하늘의 뜻을 알지 못하는 제자들은 한당 선생님께서 왜 갑자기 지상 삶을 불편해하시는지 영문을 알지 못해 모두 슬퍼하며 두려워하고 있었다. 그런 가운데 한조님께서 홀로 수련의 급상승을 이루시니 송구하여 공부를 세세히 표현하지 못하셨을 뿐만 아니라, 하나님으로서의 본위[天神本位]에 오르시는 핵심이라 할 수 있는 천상 하나님과의 합일은 더더욱 여쭈기도, 표현하기도 어려운 상황이었다.
이날도 한조님께서는 근본원신께서 전하셨던 "지상에서 사람들이 나를 하나님이라 부르느니라"라는 말씀을 여전히 받아들이기 힘들어 하셨고 천상 하나님께서는 이 사실을 받아들일 수 있도록 부드럽고 따뜻하고 넉넉하게 여러 말씀과 증거를 전하셨지만, 한조님께서는 몇 번이고 거듭하여 이 사실을 받아들이려 하지 않으셨다고 한다. 한조님께서 원신이신 천상 하나님의 말씀을 받아들이시기가 너무 힘드셨던 것은 여러 이유가 있었다. 지상 하나님이시라는 사실 자체를 받아들이시기 어려우셨을 뿐만 아니라, 무엇보다도 오랫동안 한당 선생님을 지상 하나님이시자 사부로 모셨던 일편

답한 것도 제법 있었다. 그래서 "만약 그대가 나의 근본원신이고 여기가 도통의 자리라면[14] 나는 참으로 보림을 오래 해야 할 것 같습니다."고 말했다. 갑자기 공부가 수직상승되면서 느끼는 멍하고 허전한 심정을 토로했다. 할아버지께서는 그 말에 살짝 미소를 짓고는 아무런 대답도 하지 않으셨다. 제법 긴 이야기를 주고받고 나서, 나는 '공부를 이렇게 해도 되나' 하는 마음에 눈을 뜨고는 수련을 끝내고 말았다. 어차피 다음 주면 서울에 가니 그때까지 기다려야겠지만, 결과를 신속히 확인해서 수련의 방향을 제대로 잡고자 하는 마

단심의 뜻이 여전히 굳건한 상태에서 당신께서 하나님이시라는 사실을 받아들이기가 너무 힘드셨던 것이다. 또한 한당 선생님께서 귀천을 암시하는 듯한 뜻을 보이시는 가운데 그러한 사실을 받아들여야 한다는 상황도 이루 말로 표현하실 수 없을 만큼 고통스러우셨다고 한다.

천상 하나님께서는 한조님께서 쉽게 받아들이지 않으시리라는 것을 미리 아시고 본천체本天體와 용천체用天體의 관점이 아닌, '음양론陰陽論'의 관점을 통하여 한당 선생님과 한조님께서 음양 두 분의 천체天體로 지상에 내려오셨음을 말씀하셨다. 그 외에도 그 동안의 공부과정에서 있었던 여러 범상치 않았던 현상들을 상기시켜 한조님께서 지상 하나님이시라는 증거들을 전했지만 한조님께서는 쉽게 받아들이실 수 없었다고 한다.

근본원신을 찾으셨고 이러한 대화들을 통해 당신 스스로를 아시게 되었지만, 그 순간 누구도 겪지 못할, 상상조차 할 수도 없는 사실들을 듣게 되시면서 그 내용들을 밝히지 못하시고 후일로 미루시게 된 것이다.

14) 그 당시에는 자신의 근본자리를 찾으면 도통道通으로 보았다. 한조님께서는 석문도법의 석문호흡법을 친히 체득·체험·체감하심으로써 현실화·구체화·실질화하여 세상에 전파하시면서, 수련자가 자신의 근본자리를 찾고 난 후에 진행되는 공부까지 모두 마친 이후에 도통인가道通認可를 받아 도통신인道通神人으로서 살아가도록 그 과정과 절차를 새롭게 잡아주셨다.

음이 크다. 한당 선생님께서 인가를 하시면 그런 관점에서 공부를 채우면 되고 아니라 하시면 또 그런 관점에서 차곡차곡 다시 밟아나가면 되는 것이니, 나로서는 어느 한쪽의 길이 조속히 결정되었으면 하는 마음인 것이다. 그때까지는 다만 바람에 구름 밀려가듯 흐름에 따를 뿐이다.

한기 14년 11월 13일 2002년 12월 16일

비가 내리고

깊은 정적 속에서 소리 없이 하늘이 열리고,
지상의 잃어버린 정기를 일깨우기 위해서
수많은 신명들의 땀과 눈물이 비 되어 내린다.
순백의 맑은 한 방울, 한 방울의 빗방울들이
영원한 생명의 힘으로 지상의 어둠을 몰아내고 크게 밝힌다.

한 줄기 빛, 한 방울의 생명수가 자리 잡은
그 자리에 초록의 기운이 움튼다.
샘솟은 생명의 기운에 만물이 즐거이 흥에 겹고,
나 또한 비에 녹아 천하를 적시니
고요함만 가득하다.

한기 14년 11월 16일 2002년 12월 19일

9천삼도계

어제 서울에 올라왔다. 매주 서울 본원에 삼사일씩 머무는 것을 내 나름의 원칙으로 삼고 있기에 그렇게했던 것도 있지만, 또 다른 이유도 있었다. 반가운 얼굴들과 차 한잔에 다담을 곁들여 시간을 보내다 보니 제법 늦은 시간인지라 제혁 사범의 도움을 받아 약재배합을 하고는 피로가 밀려와 자리에 누웠다.

'내일 기운을 사용할 것을 생각해서, 축기라도 하고 자자'는 마음에 와식자세로 잠시 삼매에 들었는데, 순간 전혀 뜻하지 않게 공간이 열리고 희미하게 빛이 일어나더니, 황금빛 찬란한 삼도계가 보였다. 멍하니 바라만 보다가 혹시나 싶어서 확인하려는 마음에 눈을 감았다 뜨기를 두세 차례 했는데, 여전히 같은 모습이 보이기에 이것이 9천삼도계임을 확신하게 되었다. 그러나 피로감 때문이었는지 약재 배합을 하면서 제법 기운이 소모되었던 것 같다 나도 모르게 스르르 잠이 들고 말았다.

다음 날 아침, 몇몇 실무진들과 평촌으로 향하는 길에 기운을 어떻게 사용할지 생각하다가 어제 본 삼도계가 순간 뇌리를 스쳤다. 자신감을 가지고 '9천도계에 승천한다'라는 마음으로 빛을 타고 오르니, 역시 삼도계가 보였다. 삼도계를 넌지시 바라보다가 삼도계 중에 '인간을 다스리는 곳이 있다'는 생각이 퍼뜩 떠오르기에 '그곳으로 간다'고 심법을 걸었다. 빛 속에서 어떤 신명 긴 수염에 서양의 마법사 같은 풍모를 하고 있었다 이 보이길래 내가 활용하고자 하는 심기운용에 대해 물어 보았다. 그 분은 잠시 생각하는 듯하더니 몇 마디 말을 해주었다. 그 말을 듣고 내려와서 그대로 기운을 활용해 보았다. 그러면서 '무언가 새로운 것이 없을까' 하여 도계에 있는 것을 한 번 사용해 보고자 몇 가지를 찾으니 '신월신단'이란 것이 있어 그것을 도계에서 가져와 내 몸에 불어넣어 보았다.

그런데 과유불급이라고, 너무 많이 넣었던 것일까. 오히려 몸이 더 처지는 것을 보고는 내가 조금 지나쳤음을 깨닫고, 스스로 깊이 후회했다. 돌아오는 길에 수원 영준이 어머니 댁에 들러서 선약탕을 얻어 먹었는데 그래서인지 몸이 나른해졌다. 한숨 자고 일어나 수련에 들었는데, 강렬한 빛과 함께 형상이 보이고 음성이 들렸다. 그 신명께서는 자신이 나의 원신이라면서 먼저 내 육신의 빛을 크게 바꾸어 주신 후 여러 말씀을 하셨다. 나는 일단 들어만 두고, 크게 가슴에 담지는 않기로 했다. 현재의 공부가 조금 혼란스럽지만, 일단 5천도계 공부를 복습한다는 마음으로 부족한 부분을 채워 나가기로 했다. 오늘은 조금 더 새로운 날인 듯하다. 수직상승한 그날의 허전함과는 달리, 무언가 알 수 없는 충만함과 고요함이 밀려온다. 도성구우를 제대로 하기 위해서라도 육신의 강건함을 유지하고 공부의 충만함을 가져야겠다. 다시금 각오를 다지면서 일념정진, 용맹정진하고자 한다.

한기 14년 11월 20일 2002년 12월 23일

해원상생 2

오늘 새벽에 정말 뜻하지 않은 꿈을 꾸었다. 과거에 헤어졌던 어떤 처자에 대한 꿈이었다. 그 친구는 나와 6년 동안 교제했지만 내가 도道를 닦고 도법을 세상에 펼치는 일을 천직으로 생각하게 되자 서로 의견이 맞지 않아 헤어졌던 사람이었다. 그 후로 오랫동안 가슴 아픈 날을 보냈지만, 덕분에 내 마음이 강건해졌다고 기억한다. 그런데 오늘 새벽, 그 친구가 아주 즐겁고 행복하게 지내는 꿈을 꾼 것이다. 깨어나서 한참동안 정말로 신기해서 이것저것 알아보다가 한 가지를 알게 되었다. 그것은 바로 해원상생解寃相生이었다.

우리가 도道를 닦아 양신을 이루고 도계에 승천하여 선천도통을 하고 후천도통을 하기 위해서는 그 과정에서 전생이나 현생에 자의든 타의든 계속 쌓아온 어두운 빛을 하나도 남김없이 다 해원상생 해야만 한다는 이치를 새삼 깨우치게 된 것이다. 새벽의 꿈 덕분에 현생을 살아오면서 조금이라도 누군가의 가슴에 멍울을 안겨주지는 않았는지 돌아보며 많은 것을 반성하고 성찰하게 되었다. 보다 안정된 신神의 세계로 나아감이란 창조주 하님님께 조금 더 가까이 다가

가는 일이다 보니 참으로 힘겨운 일이지만, 어찌 보면 순수 그 자체로 돌아가는, 티없이 밝은 빛으로 돌아가는 과정인 것이다. 그래서 더욱더 즐겁고 흥겨운 일이 될 수 있다. 내가 보다 밝고 맑고 찬란한 빛으로, 보다 포근하고 여유로운 빛으로 바뀐다는 것은 너무나 감사하고 흥겨운 일이다. 새벽의 한 꿈을 통해 더욱 청명해지고 깊어진 나의 내면이 하루를 기쁘게 한다.

봄이 온 것일까!

한기 14년 11월 24일 2002년 12월 27일

가르침

오늘은 왠지 좋은 일이 일어날 것 같은 하루였다. 그 좋은 일은 오후에 설록 사범의 전화를 받은 이후로 이미 예비되고 있었던 듯하다. 한당 선생님께서 오후에 적적해 하시니 말벗이라도 해 드렸으면 한다는 설록 사범의 전화를 받고, 사일 단사, 세은 사범과 함께 찾아뵈러 갔다. 훨씬 좋아 보이시는 모습에 마음의 평온을 느끼며, 평소 말재주가 없는 내 자신이 조금 씁쓸했다. 저녁을 먹고 나서 사모님, 설록 사범, 세은 사범이 우리에게 한당 선생님의 말벗을 부탁하며 밖으로 나갔다. 좋은 일은 바로 이때부터 시작되었다.

자리에 모인 우리 모두는 오늘 한당 선생님의 강한 의지[15]를 여러 말씀과 느낌으로 알게 되었고, 감사하고 또 감사함을 드리지 않을 수 없었다. 그리고 한당 선생님께서는 나의 공부를 들으시고 이렇게 말씀을 주셨다.[16] "9천도계까지는 제대로 본 것 같구나, 허나 6천도계

---

15) 한당 선생님께서 문득 지상에 오래 계실 듯이 말씀하셨다. 하지만 그것은 사실상 마지막 준비를 다 마치시고 주변 존재들을 잠시나마 안정시키신 것이었다고 한다.

가 빠져있으니 앞으로 공부를 할 때는 보이는 대로 자연스럽게 따라가면 된다." 나는 한 번 더 여쭈었다. "그렇다면 앞으로는 '도계로 간다'라고 심법을 걸으라는 말씀이십니까?" 한당 선생님께서는 나직하면서도 부드럽게 "그래, 그렇게 하면 된다."라고 말씀하시고 조금 있다가, "보이는 대로 받아들이면 된다."[17]라고 덧붙이셨다.

---

16) 이때 한조님께서는 10천도계를 거쳐 11천도계에 승천하신 후 다시 한 번 더 위로 승천하신 체험에 대해서는 말씀하지 못하셨다. 또한 근본원신을 만났음을 말씀드렸지만, 근본원신과 나누신 대화는 말씀하지 못하셨다. 한조님께서도 받아들이시기 힘든 내용이었기에 조금 더 시간과 체험이 필요하다고 생각하셨고, 지상 삶을 불편해 하시는 한당 선생님의 상황에 혹여 누가 되는 형국을 만들지 않을까 하는 부담감으로 인해 전체적인 흐름들만 표현하셨던 것이다.

17) 한당 선생님께서 한조님께 "보이는 대로 받아들이면 된다."라고 말씀하신 것은 이제 천상에 올라서 겪는 것은 모두 스스로 인정하면 된다는 뜻이셨다. 한당 선생님께서 귀천歸天 하신 이후 한당 선생님의 장례식장에 모였던 제자들이 한조님께서 근본자리를 찾으셨음을 축하드렸던 근거와 당위성도 여기에 있었다.
다만 한당 선생님께서 이렇게 표현하심으로써 한조님께 하나님으로서 본위[天神本位]에 오르셔서 근본원신을 찾으셨다는 사실을 직접적으로 인가하시지 않은 형국을 만드셨다. 그것은 한조님께서 지상 하나님이시기에, '하나님을 인가하실 수 있으신 분은 오직 하나님 뿐'이라는 숨은 함의를 표현하셔야 했기 때문이다. 즉 한당 선생님께서는 공부의 가장 핵심 중에 하나인 '인가認可'를 완전하게 결結 짓지 않으시고 일정 이상 한조님께서 스스로 만드셔야 하는 몫으로 남겨 두셨으며, 제자들에게도 한당 선생님의 말씀이 아닌, 지금까지 스스로 진법체득한 경험을 통해 스스로 믿어야 할 몫으로 남겨 두신 것이다. 석문도법법의 석문호흡으로 보이지 않는 도道의 세계를 인지·인식·인정하여 공부하는 존재들에게 보이는 차원에서 모든 것을 결結 지어 주고 가신다면 그것은 오히려 자기 체득·체험·체감을 통해 자기믿음을 세우고 실천해야 하는 석문호흡 공부의 정체성과는 다소 거리가 있다.
'도계로 간다'라고 심법을 걸면 된다고 하신 한당 선생님의 말씀에 한조님께서 세 번 확인하신 것도 이와 관련이 깊다. 평소 한당 선생님께서 도계 공부를 전하실 때 한 번도 그렇게 말씀하신 경우가 없었다고 한다. 즉 한당 선생님께서는 '9천도계를 간 한당 선생님의 강한 의지를 느끼게 해 주셔서 감사하고, 공부에 있어 스스로의 미혹함에서 벗어날 수 있게 해 주셔서 감사하고 또 감사하다. 항상 느끼고 감사하는 일이지만, 한당 선생님은 참으로 우리의 정신적 지주이시지 않겠는가!

"사부님께 감사의 삼배를 드리는 바이며, 여러모로 부족하지만 이렇게 공부시켜 주신 나의 원신과 천지간의 신명들께 감사의 말씀을 드리는 바입니다. 또한, 모든 사형사제들, 도반들에게도 감사의 뜻을 표합니다. 감사합니다."

다'라는 형식으로 항상 구체적인 심법을 걸게 하셨다.
그런데 한당 선생님께서는 한조님께서 천상 하나님과 만나시어 근본자리를 찾으셨음을 인가하실 수 있는 자리에서, '도계로 간다'라고 심법으로 표현하신 것은, 만약 '근본자리'를 그대로 표현하시고, 그것을 '보이는 대로 받아들이면 된다'라고 하시게 될 경우, 그것은 곧 한조님께서 근본자리에 오르셨음을 지상에서 한조님과 다른 존재들에게 직접적으로 인가해 주시는 형식이 되기 때문이다. 또한 한조님께서는 12천도계의 천궁天宮에 오르셨기에 '11천도계'라고 표현하실 수 없었으며, 또 그 당시 시운으로 11천도계보다 상위의 하늘이 있음을 밝히실 수 없었으므로 한당 선생님께서는 그것 역시 후일 한조님께서 스스로 밝히실 몫으로 남겨 두고 그때까지 한 번도 말씀하지 않으셨던 형식의 심법을 전하셨던 것이다.
앞서 각주에도 밝혔듯이 이때 이미 한조님께서 천상 하나님을 만나셨고, 천상 하나님께서 하신 말씀을 받아들이기 어려워하고 계셨다. 그러한 상황에서 한당 선생님께서는 사실상 지상에서의 마지막 만남의 자리에서 한조님께 보이는 것을 모두 믿으라는 의미의 말씀을 통해 지상 하나님임을 받아들이라는 뜻을 전하셨던 것이다.

한기 14년 11월 27일 2002년 12월 30일

심판

한당 선생님의 가르침에 따라 '도계로 간다'라는 심법만 걸고 하늘을 주시하니 빛이 내리기에 그 빛을 타고 천상에 승천하니 빛 속에서 한 존재가 보였다. 그는 나를 인도하며 앞으로 나아갔다.

한당 선생님께서는 흘러가는 대로 보이는 대로 따라가라고 하셨다. 그 말씀을 마음에 새기고 있었던 터라, 펼쳐지는 것에 아무런 주저함 없이 나아갔다. 빛이 끝나는 지점에 한눈에 다 들어오지도 않는, 필설로 형용하기 힘든 거대한 궁宮이 있었다. 너무도 거대해서 할 말을 잃을 정도였다. 전체적인 건축양식을 파악하기 어려울 정도였으니 말이다.

거대한 성문城門을 지나서 안으로 한참 들어가니, 큰 대궐 같은 집이 나왔다. 그곳에 수많은 신명들께서 좌우로 도열해 있었는데, 오른쪽보다 왼쪽에 도열한 신명들이 더 많았다. 지금까지는 좌우 양쪽으로 비슷하게 도열을 했는데, 조금 이채롭다는 생각을 하면서 앞으로 나아갔다.

맨 앞에는 제법 높은 단상이 있었다. 단상에는 아주 밝은 빛이 나며 포근한 느낌을 주는 어떤 분이 왕관을 쓰고 앉아 있었다. 나는 앞으로 나아가서 선 채로 인사를 했고, 그 분은 반갑게 맞아주었다. 느낌에 나의 원신은 아닌 듯하여 누구이신지 호기심이 커지던 나의 심중에 한 가지 말씀이 일어났다. 그 말씀은 나를 조금 더 경건하게 만들었고 즐거움을 주었다. 바로 내가 '주재주' 앞에 서 있었던 것이다.

그분께서는 온화한 미소로 몇 가지를 질문하셨고, 나는 평소에 내가 생각하고 심득했던 것을 말씀드렸다. 제법 길었던 나의 말을 끝까지 다 들으시고는 밝은 표정에 준엄하면서도 나지막한 음성으로 몇 말씀 하셨다. 그 말씀을 통해 몇 가지 약속을 하셨고 한 가지 뜻을 천상에 공표公表하셨다.[18] 말씀이 끝나고 나는 천상의 의복을 선물 받았으며, 생명의 근원이라는 천상의 물, '천일음수天一陰水'를 건네받아 그 분 앞에서 마셨다. 순간 나는 한 가지 선물을 더 받았음을 기억했다.

---

18) 앞서 말한 이유와 같이 한조님께서는 그 당시 아시게 된 많은 사실들을 그대로 드러내시기는 힘드셨다. 이때 주재주이신 천상 하나님께서는 수많은 신神들에게 '지상 하나님께서 천상에 올라오셨으며, 앞으로 지상 하나님의 뜻과 권능으로 하늘과 지상의 역사들을 주재하게 되리라'는 뜻의 천명天命을 공표하셨다고 한다.

승천하기 전에 어떤 여신명께서 나타나 호리병을 주길래 뚜껑을 열어 보니 은은한 향이 일어났었다. 이것이 무엇인지 물었더니, 그 여신명께서는 생명의 빛을 품은 꽃의 향이라고 말하고 사라졌다. 천일음수를 마시는 순간, 그 생각이 난 것이다. 천상의 옷과 물과 향香, 선물은 이 세 가지였다. '주재주'께서는 이제 당신을 자주 만나게 될 것이라며 온유한 미소를 지으시고 다음을 기약하시기에, 스스로 감사한 마음으로 초발심을 떠올리며 지상으로 내려왔다. 내려와서는 감사의 마음을 깊이 표하고 수련을 마쳤다.

넉넉함이 일어난다. 가슴속에 환희심이 일월日月을 가리는 구름을 좌우로 헤치니, 천하가 일월의 나툼으로 그 은은한 빛을 받게 되는구나!

아아, 나의 한 깨우침이 조그만 어둠을 몰아냈으니, 수많은 제자들이 자신의 자리를 찾는다면 일월은 그 영롱함을 완연히 나투게 되리라.[19]

---

19) 한조님께서는 하나님으로서 본위[天神本位]를 하시는 가운데, 천상 하나님께서 한조님이신 본천체本天體, 한당 선생님이신 용천체用天體로 지상에 오셨음을 아시게 된다. 『석문도담-천광천로3』의 한기 12년 12월 20일(2000년 3월 25일) 수련일지를 보면 한조님께서 '자미성궁紫微星宮이 곧 일월성궁日月星宮이니라'는 천상의 전언을 들으

섰는데, 그것은 훗날 지상에서도 보편적으로 하나님께서 두 분의 천체天體로 오셨음을 인식할 수 있도록 한 증거 차원의 안배였다.

'자미성궁이 곧 일월성궁이니라'는 말씀에서 자미성紫微星은 바로 북두칠성 중 첫 번째 별이다. 북두칠성 중 가장 밝은 이 별에는 하늘의 주인인 옥황상제가 거하고 있다고 전한다. 그래서 옛 사람들은 자미성을 하늘의 황제가 거하는 곳으로 천주성天主星이라 불렀으며 북두칠성이 회전하는 중심의 자리에 있는 북극성과 관계가 있다고 생각했다. 그런데 북극성北極星 또한 천추성天樞星 혹은 구진성句陳星이라 불리면서 천제天帝라 하였다. '천제'는 곧 하나님이란 뜻이다. 결국 북극성과 북극성을 중심으로 돌고 있는 북두칠성의 첫째별인 자미성을 모두 하나님을 상징하는 별로 보았던 것이다. 이를 정리해 보면 천제, 즉 하나님께서는 두 별자리의 형상으로 드러나시는데 한 분께서는 도道의 근본인 북향의 중심, 즉 북극성으로 상징되어 움직이지 않는 본本의 자리에 계심을 뜻하고, 다른 한 분께서는 이 북극성을 중심으로 회전하며 운용되는 북두칠성의 첫 별, 자미성으로 상징되어 용用의 자리에 계심을 뜻하고 있다.

일월日月은 한당 선생님께서 쓰신 아호雅號다. 결국 '자미성궁이 일월성궁'이란 말씀은 한당 선생님의 궁宮인 일월성궁이 자미성궁이라는 뜻으로 한당 선생님께서 바로 용用의 자리에 계신 하나님, 즉 용천체이심을 의미한다.

자미성은 모든 별들을 다스리는 제왕의 별이라는 뜻이 있고, 자미성의 영향을 가장 강하게 받고 있는 나라가 한반도라 우리나라 곳곳을 비추고 있지만 그 기운 자체는 한반도에서도 북쪽보다 남쪽의 기운이 강하다는 전승傳承 또한 있다. 이는 곧 고래로부터 '천제'로 표현되던 하나님께서 한반도 남쪽에 내려오실 것을 암시적으로 예언한 것이다. 한조님의 지상 고향은 경상남도 진동鎭東이며 한당 선생님의 지상 고향은 전라북도 전주全州이다.

한기 14년 12월 11일 2003년 1월 13일

천상에서의 만남

갑작스럽게 너무나 큰일을 겪은지라 많은 것이 기억나지는 않는다. 머리가 텅 빈 듯하다. 그러나 불과 5일 동안, 한당 선생님을 모신 지난 11년간의 대화보다 더 많은 대화를 나누다 보니 지금도 남아 있는 기억이 조금은 있다. 장례식 동안 하루하루 당신께서 하신 중요한 말씀들은 도화제 석문호흡 사이트에 올렸기에 여기서는 말하지 않을 생각이다.

다만, 나의 공부와 관련된 것만 말하고자 한다. 그간 본의 아니게 빠르게 진행된 공부로 많은 혼란이 있었으나 한당 선생님께서 펼쳐지는 대로 받아들이면 된다라는 듯으로 말씀하셨기에, 다 이해되지 않는 것들이 무수히 많았음에도 그냥 있는 그대로 받아들이고 있었다. 게다가 한당 선생님 귀천 이후에는 하늘의 부름이 하루에도 여러 번 있어 승천하는 가운데 공부가 계속 진행이 되었다.

한번은 "사부님! 지금 제 공부가 어떻게 되는 것인지 혼란스럽습니다. 너무도 많은 것들이 보이는데, 이것이 다 무엇인지 이해하기가 어려운 것도 너무 많습니다. 앞으로 어떻게 공부를 해야할지 난감하기만 합니다. 어찌해야 합니까?" 하고 여쭈었다. 한당 선생님께서는 "청월아, 걱정말아라. 내가 있지 않느냐. 내가 너의 공부를 도울 것이니 너는 의기소침하지 말거라. 너는 지금 11천의 네 자리[20]에 가 있지 않느냐!"라고 말씀하시면서 인자하게 미소를 지으셨다. 당신께서 권능의 자리에서 하신 말씀이었다. 나는 육신의 세계가 아닌, 빛의 세계에서 도통인가를 받은 것이다.

그러나 왠지 즐겁지가 않았다. 지난 11년 동안 정을 나누었던 한당 선생님과의 추억이 수없이 뇌리를 스쳤고, 안타까움과 죄스러움이 가슴을 짓누르는 것을 가까스로 기운으로 절제하고 있었기 때문이었다. 그러나 나는 말하지 않을 수 없었다. 한편으로는 내 개인에게 중요한 일이고, 기쁜 소식이었고 한편으로는 석문도법을 완전히 증거한 역사적인 순간이었기 때문이다. 사실, 내심으로는 한당 선생님 귀천 이후에 일어날 수 있는 여러 가지 일을 방지하고픈 마음이 더

---

20) 한조님께서는 이미 천상에서 거하고 계신, 11천도계 이상의 도계를 확인하셨고 그 천좌天座를 찾으셨다. 하지만 당시 11천도계를 궁극의 하늘로 알고 있었던 주변 존재들의 교란·산란·혼란을 최소화시키기 위하여, 또한 한조님께서도 이러한 사실을 확고히 받아들이시는 데 시간을 가지고자 하는 뜻으로 한당 선생님께서 내리신 인가의 말씀을 당시 보편적인 근본자리 인가로 이해되던 '11천도계 입천'으로 표현하셨다.

컸다. 나는 몇몇 단사들에게 도통인가 사실을 이야기했고, 곧 그분들의 축하를 받았다. 나는 축하에 감사하면서 이것을 증거하기 위해 한 가지 선물을 드리고자 했다. 그래서 한당 선생님께서 거하고 계신 도선궁으로 가서 선생님을 배알拜謁하고 청하니 흔쾌히 들어주셨다. 그리고 한당 선생님께서는 나에게 나직하고도 부드럽게 말씀하셨다.

"청월아, 부족한 것은 앞으로 공부해서 채우면 되니 너무 걱정하지 말아라. 내가 너의 곁에서 도와줄 것이니라."

사실 나는 한당 선생님께 도통인가를 받기 전에 한 가지 현실적인 현상으로 도통여부를 시험해 보았다. 내가 도통 했는지를 알아보기 위하여 장례식장의 한당 선생님 영정 앞에서 피어오르는 향연기를 두고서 '내가 만약 도통했다면 연기가 반대 방향으로 피어오르리라'라는 마음을 가지고 쳐다보았다. 조금 있으니 내 쪽으로 피어오르던 향연기가 갑자기 회오리 치듯이 돌기 시작했다. 정적만이 감돌던 새벽 장례식장에 어느 아리따운 처자가 문상을 와서 향을 꽂고 뒤로 물러나는데, 그 몸짓에 향연기가 반대쪽으로 피어오른 것이다. 이것을 어떻게 판단해야 할지 난감해서 한당 선생님을 찾아가 배알하고는 하소연을 드렸던 것이다.

한당 선생님의 가없는 은혜로 나는 근본자리에 승천하게 되었다. 아직 많은 것이 부족하다. 이는 앞으로 계속 공부를 하면서 채워 나가야 할 것이다.

"사부님 감사합니다! 이 모든 것이 당신의 은혜입니다. 저는 언제나 당신의 제자입니다. 당신의 가르침과 유지遺志를 받들면서, 한마음으로 꾸준히 나아가겠습니다.

사부님 지켜봐 주십시오."

한기 14년 12월 12일 2003년 1월 14일

태상궁 太上宮

한당 선생님께 11천도계에 승천했다고 인가를 받은 다음 날의 일이었다. 한번은 위에서 강렬한 빛이 내려오기에 그 빛을 타고 승천하니 멀리서 아름다운 풍경이 보이기에 가까이 다가가 보았다. 그 곳은 11천도계에 있는 나의 궁宮과 주변 경관들이었다. 여러 궁宮과 주변경관을 필설筆舌로 논하기에는 많은 어려움이 있다. 너무나 장대하고 아름다운지라 언어로 다 표현하는 것이 불가능하기에, 나중에 여러분이 11천도계에 올라오면 초청하는 것으로 대신할까 한다.

원신은 나의 궁宮을 '태상궁太上宮'이라 하였다. 태상궁에서 원신과 노니는데 강렬한 빛 기둥이 위에서 내려오기에 위를 쳐다보니 어찌 된 영문인지 위의 빛이 순간순간 계속 변하고 있었다. 나는 내려온 빛기둥을 타고 위로 올라가 보았다. 그곳에는 참으로 거대하고 유일한 궁宮이 있었는데 바로 '도선궁道仙宮'이었다. 나는 태상궁의 궁주이면서 도선궁의 신하였던 것이다. 아직 11천도계를 다 꿰뚫어 알고 있지 못하므로 단정하기는 어렵지만, 11천도계는 과거세의 중국과 비슷하게 황제가 있고 각 제후가 있는 형국이 아닐까 한다. 보림을 하다 보면 내 자신과 11천도계를 비롯한 모든 도계를 꿰뚫어 알 날이 오리라 생각한다. 지금부터는 지상에 발설하면 안 되는 천기天機가 많은지라 구체적인 설명을 자제할 생각이니 양해해 주기를 바란다.[21]

---

21) 한조님께서는 12천도계의 '천궁天宮'과 '조화천궁造化天宮'에 오르셨다. 하지만 당시 여러 상황들을 감안하시어 '천궁'과 '12천도계' 그리고 '조화천궁'을 밝히지 않으셨다. 특히 당시 시운상 11천도계 이상의 상천上天이 있음을 공개적으로 밝히실 수 없는 시기였기에 표현할 수 없었으며, 또한 주변 존재들의 이해를 위한 과정과 절차가 필요한 시기이기도 했기에 부득이하게 '11천도계'라는 표현을 쓰실 수밖에 없었고 한조님과 한당 선생님과의 근본 관계도 밝히지 않으셨던 것이다.

이 글 내용에서 '태상궁太上宮'을 한조님의 궁으로 두고 '도선궁道仙宮'을 그 위 상천의 한당 선생님 궁宮으로 두고 설명하신 것은 그러한 이유 때문이었다. 사실 '태상궁'은 곧 '천궁'이고 '도선궁'은 '조화천궁'이었으니, 이 두 궁宮 모두 하나님께서 거하시는 곳이었다.

한기 14년 12월 15일 2003년 1월 17일

개천 開天

하늘문이 열렸다.
상천 빛의 문이 열린 것이다.
참된 신神의 세계로 나아가는 문이
활짝 열리었다.

그 형언하기 어려운 빛의 세계가
펼쳐지기 시작했다.

수많은 신神의 모습들이 드러남이
여명이 떠오르는 것 같았다.

허나, 아직은 그 전체를 말하기에
부족함이 있다.

하늘의 수많은 시험이 앞을 가로막지만
어찌 걸음에 멈춤이 있겠는가.

머지않아 영원한 안식이 찾아와

영겁의 시간이 완연히

열리게 되리라.

한기 14년 12월 15일 2003년 1월 17일

숙연함

기쁨과 환희에 뒤이어
숙연함이 밀려온다.

고요함 속에 하늘의 말씀을
듣고 있노라니
절로 고개가 떨구어진다.

감사와 감동이 아마 이러한 것일 게다.

다시 한 걸음 내딛는 발걸음이
조금은 가벼워진다.

하늘이여!
당신의 품에 있음을 인정합니다.
당신의 뜻에 따름에
두 마음을 두지 않음을 언약합니다.

오직 빛 속에 머물겠으니,

임하여 기쁘게 하시고

그 기쁨에 감사함을 허락하소서.

언제나 섭리 속에서 역사役事함을 약속하겠습니다.

한기 14년 12월 15일 2003년 1월 17일

고뇌 2

하늘 운도수의 변화가 너무나 많고 역동성이 높아 불확실성의 작용이 심하여 내게 오는 부담이 심히 크구나.

한당 선생님께서 남겨 놓으신 도법道法을 지상 사람들에게 전함에 있어 도계 공부에 대한 것을 너무도 많이 채워야 하기에, 앞으로 이 일에만 몰두해도 몇 년의 시간이 지날 것 같다. 여기에 풍류적인 부분까지 채운다면 시간이 더더욱 필요하다.

요즈음 고뇌가 깊다. 도화제석문도문[22]에 대한 내 행보는 스스로 결정한 상태라 마음이 한결 편안하나, 지상의 이 변화된 시운을 어떻게 풀어 나가야 할지 참으로 고뇌스럽다. 도통 이후의 보림保任공부를 통해서 많은 것을 알아보며 차차 정리해야 할 것들이지만, 고뇌부터 다가오는 것은 무슨 연유일까.

---

[22] 도화제는 현재 '석문도문石門道門'이라 명명한다.

아, 도화제석문도문여, 도화제석문도문여, 내 사랑하는 도화제석문도문여!
밝고 맑고 찬란하게 깨어 있어 하늘을 바라보라.
네 이 지상에 얼마나 중요한지 스스로 알아야 할지니라.
무리 위에 서지 말고
무리 속에서 자신을 찾고,
자만과 오만으로 채우지 말고
겸허와 겸손으로
스스로의 자리를 찾도록 하라.

후천인 지금, 지상의 등불은 바로 너 도화제석문도문이니라.
너의 강렬한 박동소리가 천지에 울릴 때에
나의 깊은 고뇌도 사라지리라.

한당 선생님께서 너무나 많은 것을 천지에 놓아 두고
당신의 자리로 돌아가시니 참으로 힘겹기 그지없다.
허나, 우리는 이 일을 반드시 이루어야만 하는
책임과 의무가 있는 존재들이라, 좌절해서 앉아 있을 수만은 없다.

도화제석문도문여, 도화제석문도문여, 내 사랑하는 도화제석문도문여!
항상 밝고 맑고 찬란하게 깨어 있어 하늘의 섭리대로 지상에 거하라.

석문도담
천광천로 4

초판 1쇄 발행 2016년 12월 12일

지은이 한조
펴낸이 이승우 | **조판** 성인기획 | **인쇄** 영신사

펴낸곳   석문출판사
          경기도 수원시 장안구 만석로 241 석문빌딩 3층
          전화 031-246-1360 | 팩스 031-253-1894
          등록번호 2005년 12월 20일(제25-1-34호)

Copyright ⓒ 한조, 2016

ISBN 978-89-87779-29-4
      978-89-87779-22-5(세트)

이 책은 저작권법에 따라 보호받는 저작물이므로 무단전재와 복제를 금하며, 이 책 내용의 전부 또는 일부를 이용하려면 반드시 저작권자의 서면 동의를 받아야 합니다.

• 책값은 뒤표지에 있습니다.